飲食店のための

ドリンクの教科書

料理やスイーツに合わせて作る
ソフトドリンクの基礎と応用

飲料研究ユニット「香飲家」
片倉康博・田中美奈子・藤岡響　著

SOFTDRINK

ソフトドリンクの可能性

～飲み物は補助の存在～

ドリンクの本質を知る

今までの飲食店で提供しているソフトドリンクは、既製品を使うことが多くありました。しかし既製品のソフトドリンクだけでは充分に食事（メイン）を引き立たせることはできません。そうすると、お店が独自にドリンクメニューを開発する必要がでてくるのですが、かといってソフトドリンクの本質を深堀りすると、逆に一般の人には良さが伝わりにくくなってしまう問題があります。たとえば、抹茶の美味しさを若者たちに伝えたいとき、作り手側は高品質な抹茶を提供して飲んでもらいたいと考えますが、飲み手には伝わりにくいものです。作り手側にこだわりがあっても、興味がない人はどんどん離れてしまい、結局抹茶好きにしか広がらないという傾向があります。

そこで、まずはハードルを下げて、若者でも楽しめるスイーツのようなドリンクを広げていくことが重要です。まずはソフトドリンク自体に飲み慣れてもらうために、飲みやすい甘い味わいに親しんでもらいます。飲み続けるうちに甘味を求める量が減り、飲み物本来の味を好むようになるのです。

台湾、中国で良い例があります。お茶の生産地として有名な両国では、自国のお茶をアレンジして楽しめるドリンクを開発し、発信しています。その新しいドリンクの流れが日本に入ったことにより、老舗お茶業界も「若者でも楽しめるドリンク」の提供を始めました。それらを継続することで、いつしか必ずだれもがお茶本来の味を楽しめる環境になることでしょう。

コーヒー業界でいえば、スターバックスコーヒーが日本にスイーツ要素の高いドリンクを広げた先駆者といえます。スターバックスが日本に進出した当時の若い世代が大人になり、今では甘さのないコーヒーやカフェラテを楽しむようになりました。そうして若い世代は甘いドリンク、大人の世代は甘さの少ないドリンクを求めるようになり、スターバックスコーヒーの利用者の年齢層は幅広いものになっています。

ドリンクの役割

ソフトドリンクには、さまざまな種類のジャンルがあります。主にコーヒー、ティー、フルーツ、モクテルなどですが、すべてのドリンクはメインを引き立てるために存在しています。

メインとは料理や、スイーツ、パンなどの食べ物のほかに、「時間」、「空間」、「会話」、「音楽」など、TPO(Time：時間、Place：場所、Occasion：場面)のことを指します。人々はそのときのメインに合わせて、ドリンクを選びます。

待ち合わせのときに「1時間早く着いたからカフェでお茶しよう」という人も多いと思います。そのときに1時間をゆっくり過ごせるカフェなら、量が多いドリンクを注文することでしょう。それは1時間を楽しんで過ごせるセレクトをしており、「時間」というメインに合わせた選び方です。

また、タピオカミルクティーや写真映えするドリンクは「写真を撮る」目的のために選ばれます。（ときには飲まずに捨ててしまう人も多くいるため、社会的な問題面もあります。）

利用者のTPOにマッチした提案ができる店作りができれば、安定した収入につながります。

食文化とドリンクの関係性

世界の食文化を考えると、飲み物の存在は食生活のバランスを取るために存在していることが多いです。

エスプレッソの発祥の地イタリアだと、北の寒い地域の食事は乳製品や発酵食品、乾物、煮込み料理、塩分が高く濃い料理が多いので、エスプレッソはローストが浅めのさっぱりした飲み口のものが好まれています。南の地中海沿いで温暖な地域の食事は、新鮮な魚介類を酸味の効いたトマトで仕上げた料理や、オリーブ油を使ったものなど、料理自体がさっぱり味わうものが多いため、エスプレッソは濃くて苦味の強いものが支持を得ています。料理に対して真逆のものや、味のバランスを取るものがドリンクとして選ばれるのです。

日本にも四季があり、北と南の食文化があります。地域によっても味覚が変わり、その特性を理解することで美味しく感じるドリンクにたどりつけるはずです。本書ではそうした食事との相乗効果をもたらし、店作りにも一役かうドリンクについて、丁寧に解説していきます。

Coffee

Tea

Fruit Spice Soft Drink

Mocktail

Part 1

コーヒーのソフトドリンク
Coffee Soft Drink

Part 2

お茶のソフトドリンク
Tea Soft Drink

Soft Drink Contents

Part 3

フルーツ・スパイスの
ソフトドリンク
Fruit・Spice Soft Drink

Part 4

モクテル
Mocktail

Soft Drink Recipe 82

知っておきたい
ソフトドリンクで使う器具

ソフトドリンク作りでは、基本となるコーヒーやお茶の器具のほかにも
使えると便利な器具があります。さまざまな道具を知ることで、
レパートリーの幅が広がります。

エスプーマ

ソーダサイフォンに液体と、つなぎとなるさまざまな食材や凝固剤を入れ、亜酸化窒素ガス（N_2O）を添加し振って撹拌することで「空気のように軽い泡」が作れます。「エル・ブリ」のシェフ、フェラン・アドリア氏による、新しい調理法の創造により生まれたエスプーマは最先端の道具です。

使用前によく振って撹拌する。グラスの真上あたりでレバーを引く。

ブレンダー

竜巻状の渦を起こしながら、撹拌した野菜や果物などの固形の食材をピューレにする器具。液体を入れてスムージーや、氷を砕きフローズンドリンクを作れます。フローズンドリンクを作るには、ハイパワーのブレンダーが必須になります。

フルーツなどを果肉丸ごとジュースにできるうえ、ミルクなどのベースと合わせれば、一気にドリンクが完成する。

スロージューサー

野菜やフルーツなどの食材を水分を加えることなく、ジュースにすることができます。ゆっくり、やさしく、丁寧に食材を"圧し搾り"ジュースと搾りかすに分離させ、食材へのストレスを最小限に抑えます。そうすることで、食材の味と栄養素をそのまま楽しめる道具です。

すべての水分を搾り取ったカスも、料理などで利用できる。

Part 1

Coffee Soft Drink

Drink Textbook

コーヒーの
ソフトドリンク

カフェの定番、コーヒーの種類やドリップ法など
基礎知識を学びます。最適に抽出したコーヒーで、
ドリンクの味を引き立てましょう。

高まるコーヒーの需要
お水でコーヒーの味は決まる

ドリンク専門店が増え、食事のついでとされていた飲み物は
注目されるようになってきました。飲み物自体の価値が見直されたなか、
支持されることが多いのがコーヒー。味を引き出すポイントは水のセレクトにあります。

> **コーヒードリンク**
> **需要の増加**

昨今、飲み物自体への関心が高まっています。
そのなかでも圧倒的に飲まれているのが
コーヒードリンクです。

いつの時代も老若男女に楽しまれる飲み物

コーヒーは、日常にありふれた飲み物の代表格といえます。しかし商品として考えたとき生産、焙煎、抽出、提供、すべての工程で少しでも手を抜けば、商品に直接悪影響が出てしまうため、扱いがとても難しい飲み物でもあります。

それでも長い年月、幅広い年齢層に愛され続けるのは、豊富な飲み方でさまざまな需要に応えているからです。たとえば、若い年齢層には甘みの強いスイーツドリンク、大人にはブラックコーヒーやカフェラテなどが楽しまれています。新鮮な焙煎豆から淹れたばかりの熱いコーヒーから立ち上る香りは、通りを行き交う人をカフェへ吸い寄せるだけの力があります。

日々の生活の中で、人々の五感から直接楽しませてくれる食材や飲料は、そう多くはないのではないでしょうか。TPOに合わせた飲み物を取り入れることで、より良い食生活につながります。

Point

コーヒーは生活に欠かせない
癒し効果を持っている

コーヒーのカフェインがないとどうも1日中頭がすっきりしない、集中力がなくなる、という人も少なくないはずです。特に外食に出かけた際の食後に飲むコーヒーには、多くの影響力があります。お店という普段と違う環境で食事をしたときには、少なからず緊張した状態になります。そこでコーヒーを飲み、一息つくことによって気持ちが癒され、緊張がほぐれやすくなります。それにはコーヒーの持つ、ストレスを解消する力が大きく関係しています。

さらにコーヒーの香りは、持続性がとても長いのも特徴。世間ではコーヒーの魅力は苦みや酸味などの味と考えられがちですが、本来はワインと同じ香りを楽しむものです。

水とコーヒーの関係

美味しいコーヒーには、豆の選定だけでなく水選びも重要になります。
どのような水がコーヒーの旨味を引き出すのか、
しっかりと確認してセレクトしましょう。

コーヒーを美味しく淹れるには日本の水道水が最適

コーヒーやお茶は、水にエキスを抽出することで味を引き出し、美味しく飲むことができます。美味しく味を楽しむためにはまず、水を知ることが重要です。

水のタイプには大きく分けて「硬水」と、「軟水」があります。硬水はカルシウムや、マグネシウム、鉄分などの成分が入っているので飲み口が固く感じられ、逆に軟水は成分が入っていないため、飲み口が柔らかく感じられます。エキスを抽出する際は、水そのものの中に成分が入っていない方が溶け出すエキスが多くなります。つまりミネラルなどの成分の含まれる硬水は、エキスが溶け出しにくい水であり、コーヒーやお茶には軟水の方が、相性が良いといえます。

なかでも日本の水道水は極軟水で、ミネラルがなく水に入る許容範囲が大きいため、より多くのエキスが溶け出します。エキスが溶け込んだ分だけ、味わい深いドリンクが完成するため、日本の水道水がコーヒーを淹れるのに良いとされています。海外の水道水は日本と違い硬水の場合もあるので、使用前にタイプを知っておく必要があります。硬水の国では軟水器を取り付けて、ミネラルを除去してから使用します。

水道水が軟水の国では、だしを取った料理は多い特徴があります。日本はエキスを抽出しやすい水質だからこそ、だし料理の文化が発展しました。逆に硬水の地域の多いヨーロッパなどでは、食材そのものを煮込んでも食材からエキスが出にくい硬水の特徴を活かし、多くの煮込み料理が定番になっています。昔からの知恵で、料理はその土地にある食材を、一番美味しく料理したものが現在に残っています。味覚は勿論、体が美味しく感じるには必ず理由があり、その理由を知ることは水質を知ることにもつながります。

水の種類

軟水と硬水は、水中に含まれる成分によって別れます。
基準は日本や世界保健機構によって若干
異なるため、どの基準での軟水かも調べると◎。

| 軟水 |

1リットルあたりのカルシウムや、マグネシウムの含有量が100mg未満のまろやかな口当たりの水。飲み物や日本食だけでなく、肌や髪のパサつきや傷みを軽減させるのにも最適である。

| 硬水 |

カルシウムやマグネシウム、ミネラルなどの含有量が1リットルあたり100mg以上で、口当たりが重い水。旨味成分のアミノ酸やタンパク質が流れ出にくいため、煮込み料理に向いている。

コーヒーの淹れ方の 種類と基本の知識

コーヒーの淹れ方にも種類があります。コーヒーの性質や、
水や器具との相性、抽出時間などにより香りや味わいが変化するのも、
コーヒーの魅力のひとつ。好みやコーヒー豆に合った方法を学びましょう。

主な淹れ方

スタンダードにコーヒーを淹れる方法は、
大きく分けて2種類あります。豆や手法、目的に合わせた
最適なやり方で、美味しくコーヒーを淹れましょう。

| 透過法 |

フィルターにセットした
コーヒーの粉に、お湯を
注いで通過させ、ろ過を
くり返して淹れる。ド
リップなどの主な手法。

| 浸漬法 (しんしほう) |

コーヒーの粉をお湯に浸
し、一定時間経過させて
から粉を取り除く。フレ
ンチプレスや、サイフォ
ンでの淹れ方。

ドリップの基礎

ドリップの方法や、器具の違いによって
味わいが変わってしまうため、より良いコーヒーを
提供するには、正しい知識と判断が必要になります。

いつの時代も老若男女に楽しまれる飲み物

コーヒーにもトレンドが存在し、数年前までは深
煎りで苦味を求めた味が好まれていましたが、近
年ではスペシャリティーコーヒーが主流です。過
抽出を避け、酸味や甘味を感じる、浅煎りのコー
ヒーが広く飲まれるようになりました。コーヒー
の味を考える上で店舗の立地、ターゲットになる
客層、メニュー構成やフードとの相性といった観
点から豆を選ぶことが重要となります。

変動要素

抽出の際に影響を及ぼす、さまざまな要因
のこと。気温や湿度といった環境的要因以
外の、器具や湯温など抽出する上でコント
ロールができる要素のことを指す。それぞ
れの変動する要因を理解、調整を行うこと
で一貫性のある抽出を常におこなうことが
可能になる。

コーヒーの 粉量と水の量

ドリップのレシピを作成するときは、豆の
個性に合わせてコーヒー量と水の量の調整
をする。たとえば、近年のスペシャリティ
コーヒーの場合1：16が目安となる（使
用する豆によって比率は変動する）。深煎
りのコーヒーを使用する場合は1：12に
するなど、好みの濃度感に調整していく。

抽出時間

抽出時間が長くなれば、お湯にコーヒー豆
が浸る時間が長くなり、より多くの成分が
抽出され濃くなる。逆に短ければその分お
湯に溶け出す成分は少なくなるため、薄い
濃度のコーヒーになる。抽出時間による濃
度の変動は粉の挽き具合によっても変わる
ため、都度確認することが大切。

粉の粒度

細かく挽くと表面積が増えることで成分が
抽出されやすくなり、粗く挽くと表面積が少ないため、
成分が抽出されにくくなります。

| 粗挽き | 中挽き | 細挽き |

粒が大きく成分が溶け出しにくいが、苦味を出したくない華やかな香りのものや、フルーティーなものに用いられる。

ドリップの抽出などで、一般的に用いられるスタンダードな粗さ。挽いて販売されているレギュラーコーヒーに多い、標準となる粗さ。

濃く抽出したいときに用いられる粗さ。エアロプレスなど加圧する場合に選ばれることが多い。成分が溶け出しやすいため、過抽出に注意。

湯温

高温の方が成分は抽出されやすいですが、その分好ましくない成分も多く抽出される場合があるため、高すぎる温度は注意が必要です。湯温の温度を変えて抽出をおこなった場合、低温での抽出は抽出力が弱いため酸味傾向に、高温での抽出は抽出力が高く、苦味傾向になりやすくなります。常に一定の温度で抽出をできるよう心がけることで、再現性が高くなります。92～93℃を基準に、使用するコーヒーによって調整をしましょう。

豆の種類

扱う豆の種類によっても、抽出の条件は変わります。焙煎されてからの時間の経過による変化（エイジング）によって、抽出の際の二酸化炭素（ガス）の放出量も変化します。日数が経過し過ぎた場合、品質の劣化が生じることがあるため、生産国や品種のほかに、生産処理や焙煎度合い、鮮度なども把握することが重要になります。

抽出技術

注ぐスピード、粉全体にお湯を注げているかといった人為的な要因も、味わいに関わる重要部分です。成分はお湯に浸っている時間に抽出されているので、粉全体にしっかりとお湯が当たるよう心掛ける必要があります。また、注ぐスピードによるコーヒーの濃度も意識しましょう。

水質

豆に含まれる成分を、水に溶かして作る飲み物であるコーヒーの味は、水質に影響されます。それは抽出されたコーヒーの内、約98～99％が水の成分で構成されているためです。硬度とPHといった指標があり、コーヒー成分が浸透する量や、水自体に含まれているミネラルのバランスによって変化します。

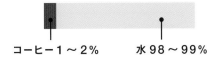

コーヒー1～2%　　　水98～99%

最適なドリップをするための抽出のコツと豆選び

コーヒー豆に合わせた抽出方法を知ることのほかに、
豆自体の特徴を把握する必要があります。
豆を知ることで、適した抽出方法を選択できるようにしましょう。

ドリップコーヒーを淹れるとき想定すること

テイストに合わせたレシピを考える

提供するお店の規模やシチュエーション、お店のカップサイズ、扱う豆の種類に合わせてレシピを考案します。焙煎度合いが浅煎りでスッキリとした後味にするのであれば濃度低めのレシピ、深煎りでしっかりした味わいを目指す場合は濃度高めのレシピが適しています。

目的に合わせたレシピを決め、コーヒーや水の分量、湯温をしっかり計測し、抽出してみることでコーヒーに合った基準を作ることができます。

レシピが固まってきたら、何度も抽出してオペレーションを確認し、毎回同じような味に安定しているのか確かめましょう。連続で同じ味に抽出できるように練習することが重要になります。

抽出のポイント

均一な抽出をして挽き方を整える

基本的にお湯が注がれていない粉からは抽出がされにくいため、粉全体にしっかりと均一にお湯をかけることで、きちんと抽出ができます。また注ぎのスピードが早いと濃度が下がりやすく、遅いと濃度が上がりやすくなります。変動要素に気をつけて抽出されたコーヒーの味わいを確認し、コーヒーの粉の挽き方を調整しましょう。水とコーヒーを触れさせて、効率良く成分を引き出すことがゴールとなります。抽出の失敗、未抽出（抽出された成分が不足し、味わい、香りが薄い状態）や、過抽出（抽出された成分が過剰で、求めていない成分まで抽出され苦くなってしまうような状態）にならずに適正な抽出を目指しましょう。

豆を選ぶ

生産国や、品種、生産処理などによっても
味が左右されるため、好みの豆を選定するのも
コーヒーを楽しむ醍醐味です。

焙煎度

コーヒー豆の煎り具合によって、
酸味と苦味は変化します。
産地や好みに合わせて焙煎度を決めましょう。

| 浅煎り | | 中煎り | | 深煎り |

酸味 ← → 苦味

酸味傾向が強い。フルーティー系で、軽めの味わいが特徴。

やや酸味傾向。甘みのある後味で、さまざまな豆に合わせやすい。

酸味は落ち着き、代わりに苦味が楽しめる。重めの口あたり。

シングルとブレンド

甘みのあるナチュラルや、はっきりとした酸味が味わえるウォッシュドなどの精製法があります。焙煎に合わせて変化する豆を、どう楽しむのか決めましょう。

シングルオリジン
豆本来の個性やお気に入りの産地・農園を見つけ、豆の個性を味わう。

ブレンド
さまざまな豆を混ぜることで味のバランスを整え、いつでも安定した味を提供。

コーヒーごとの最適な抽出とマッチするお店

	フレンチプレス	ペーパードリップ	ネルドリップ	サイフォン	エスプレッソ
抽出時間	4分	2〜3分	2〜3分	40秒〜1分	20〜30秒
コーヒー豆量	10〜12g	10〜14g	10〜14g	15〜18g	7〜10g
挽き目	粗挽き	中細挽き	中細挽き	中細挽き	極細挽き
抽出量	180〜200㎖	120〜150㎖	120〜150㎖	120〜150㎖	20〜30㎖
抽出温度	90℃前後	90℃前後	90℃前後	90℃前後	90℃前後
メリット	カッピング（コーヒーのテイスティング方法）に近い淹れ方のため、コーヒー本来の味わいが楽しめる。コーヒー本来の味を知ってもらうことで、豆の販売につながりやすい。	簡単に抽出後の豆を捨てれるため、オーダーを数多くこなせる。見せながら抽出することで、ライブ感が演出できる。	ネル自体に価値が生まれる方法。使った分だけネルに香りが移り、その香りがコーヒーに溶け出すことで、他にはないお店のオリジナルのコーヒーになる。	演出効果が高く、パフォーマンスとしても最適。抽出時間が比較的早いのが特徴。	濃いコーヒーによるアレンジの幅が広い。
デメリット	特別な技術がいらない淹れ方なため、家でも簡単に淹れることができ、特別感が出にくい。	高品質なコーヒーを使用しても、豆本来の良い部分から悪い部分、旨味成分である油分までペーパーが吸着してとってしまい、スッキリしたコーヒーに仕上がりやすい。	ネルの使用や保存に関して手間がかかり、多くのオーダーをこなすお店には不向き。	注文をこなすために、サイフォンを数台揃える必要がある。比較的、抽出する際の温度が高くなりやすい。	マシン、グラインダーなど器具が高額。扱いにスキルが必要なため、味に差が出やすい。
お店のタイプ	コーヒーロースター	コーヒースタンド	喫茶店	喫茶店	レストラン、カフェパティスリー

※抽出時間などのデータはあくまで一例です

④ コーヒー器具の種類を知り目的に合ったものを揃える

加圧、浸漬、透過の際使用する器具が変われば、
コーヒーがお湯に浸かる時間や成分の引き出されやすさが変動します。
器具に適したレシピ、使用法を選ぶことで、美味しさを最大限表現することができます。
自分好みの器具を見つけるのも楽しみのひとつになるでしょう。

コーヒー器具

ドリップコーヒーに必要な、基本の道具を紹介します。
抽出器具の形状や特徴を考えて、
使用することが美味しいコーヒーを淹れるコツ。

① ドリッパー&サーバー

フィルターをセットし粉を入れ、お湯を断続的に注ぐことで抽出をおこなう器具。サーバーは抽出されたコーヒーを受ける器具であり、マグカップでもOK。

② スケール

ドリップしながら使用したお湯の量を把握するなど、材料の分量を測るのに必須のアイテム。

③ 電気ケトル

細かく抽出に適した温度に調整可能な、湯沸かし器。注ぎ口が細くなっているため、直接ドリップしても注ぎやすい。

④ グラインダー

コーヒー豆を挽く器具。ドリップの器具や抽出法に合わせて挽き具合を調節する。なるべく挽いたときに、均一な挽き具合になるものが良い。

ドリッパー

形状、穴の数や大きさ、リブ（溝）の形状、
材質によって抽出に変化があります。
目的に合わせて使い分けましょう。

素材から見る選び方

ドリッパーの素材は主にプラスチック、メタル、セラミック、ガラスなどがあります。プラスチックは素材のなかでは温度の変化が少なく、メタルは熱が伝わりやすく冷めやすいのが特徴です。セ

ラミックは温まりにくい分、保温性が高く温度が下がりにくく、逆にガラスは保温性はそれほど高くないため、湯温を下げやすくなります。それぞれの特性を理解し選択をする必要があります。

｜台形型｜

お湯が溜まりやすい構造で、濃度のあるしっかりとした味わいを表現するのに最適。穴の数によっても、透過速度が変わるので、扱う豆の特徴に合わせてセレクトが必須。

｜円錐型｜

水がコーヒー（層）を透過する速度が早い構造。そのためコーヒー豆と水が接触する時間が短くなりやすく、過抽出を避けてクリアな味わいにドリップできる。

フィルター

主に3種類。
使用するコーヒー豆との相性を考えて選びましょう。

｜ペーパー｜

ドリップに主に用いられる。コーヒーオイルや微粒子を濾過するため、抽出液はクリーンですっきりとした口当たりになるのが特徴。

｜メタル｜

フレンチプレス やエスプレッソなどで主に用いられる。ほかのフィルターを比べ、油分などコーヒーの成分をより多く抽出できる。質感もペーパーなどに比べてしっかりと重めに感じられる。細かい微粉も混入することがあるので注意。

｜ネル｜

ネルドリップ、サイフォンなどに主に用いられる。ペーパーに比べると油分を通すため、しっかりとした質感を楽しむことができる。抽出後、ネルに残った成分をキレイに洗浄し、清潔に保たないと風味に影響が出る。

基本の美味しい
ドリップコーヒーの淹れ方

器具やコーヒー豆をセレクトしたら、正しいドリップを実践します。
ドリップした味を基準に、特性に合わせた微調整をしましょう。

HOT

スタンダードな抽出方法です。
コーヒーと水の比率1：15〜16を、
基準レシピとした場合の淹れ方を紹介します。

[材料]　　　　　　　　　[湯温]
コーヒー豆 ……15〜16g　92℃前後（豆によって異なる）
お湯 …………250g　　　[抽出時間]
　　　　　　　　　　　　2〜2分30秒程度

①
サーバーにドリッパーとフィルターをセットして、スケールにのせる。挽いたコーヒー豆を入れる。

②
コーヒー豆全体にお湯を30g注ぐ。約30〜40秒待ち、焙煎豆に含まれる二酸化炭素を放出し、蒸らす。
※1湯目は蒸らしの工程。コーヒー粉は約2倍の水分を吸う為、使用するコーヒー量×2倍量のお湯でスタート

③
6〜7秒程で60gのお湯を注ぎ入れる。（総量90g）注ぐスピードが早いと、濃度は下がりやすいので注意。

④
液面が1/3程度に下がってきたら、さらに6〜7秒程で60gのお湯を注ぎ入れる。（総量150g）

⑤
液面が1/3程度に下がってきたら、10秒程で100gのお湯を注ぎ入れる。（総量250g）

⑥
注ぎ終わった後、しっかりと抽出液をドリッパーから落としきる。

ICE

ホットと異なり、湯量を少なくして濃度を高めた
抽出液にします。抽出不足にならないよう、
注ぐスピードや挽き具合を調整しましょう。

[材料]	コーヒー豆 ……18g	[湯温]	92℃前後（豆によって異なる）
	お湯 …………180g	[抽出時間]	2分程度
	氷 ……………70g		

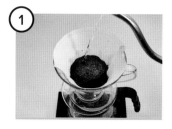

① 器具とコーヒー豆をセットする。コーヒー豆全体にお湯を30g注ぐ。約30〜40秒待ち、蒸らす。

② 5〜7秒程で50gのお湯を注ぎ入れる。（総量80g）注ぐスピードが早いと、濃度は下がりやすいので注意。

③ 液面が1/3程度に下がってきたら、さらに5〜7秒程で50gのお湯を注ぎ入れる。（総量130g）

④ 液面が1/3程度に下がってきたら、5〜7秒程で50gのお湯を注ぎ入れる。（総量180g）注ぎ終わった後、しっかりと抽出液をドリッパーから落としきる。

⑤ 別のサーバーに、氷を入れる。

⑥ ⑤に④を注ぎ、急冷する。

コールドブリュー

水出しコーヒーとも呼ばれる、
夏のアイスコーヒーに最適なドリップ方法です。

[材料]
コーヒー豆 ……50〜60g
水 ………………750g

[抽出時間]
10〜12時間

① 大きめの容器に、挽いたコーヒー豆と水を入れ、漬け込む。コーヒー豆全体が水に浸るように、攪拌する。冬場は常温、夏場は冷蔵庫で約半日おく。

② フィルターでこす。※フィルター状の袋にコーヒー豆を入れて、漬け込む方法でも抽出可能。

エスプレッソの基礎と
ブレンドの考え方

エスプレッソの基本的知識と、エスプレッソブレンドを考えるうえで
不可欠の知識を学びましょう。

**エスプレッソの
ブレンドの考え方**

加圧を加えて抽出するエスプレッソを
美味しく淹れるためには、
コーヒー豆選びが重要です。

ベースを決める		豆の挽き目を調べる		ブレンドする
カッピング（テイスティング）や、フレンチプレスでの抽出などで単体の香りと味を把握し、ベースを決定。		コーヒー豆をエスプレッソ専用のグライダーで挽き、挽き目を確認。		ベースのコーヒー豆を決め、挽き目の近いコーヒー豆をセレクトする。

コーヒー豆の産地と味わいの変化

コーヒー豆も植物である以上、低地産、高地産・焙煎 すべてが味と密接に関わります。また、環境によって育ち方も変化します。育てる土地が高ければ高いほど気圧が弱くなり、空気が薄い環境となります。マラソン選手が高地トレーニングをし、心肺機能を強くするのと同様に、空気が薄い環境ではコーヒー豆もより多く空気を摂取しようとします。生きるために順応し生命力が強くなり、その力強く吸収した栄養素は子孫を残すために、実に集結します。木は動物や鳥類が実を食べ、別の地域で排泄することにより別の地域で子孫を残しますが、高地になればなるほど動物や鳥類が少なってしまいます。それらの環境を補うために実が甘く成長し、動物が食べやすくしています。
そうして、結果的にコーヒー豆自体もエキス分が高く、どんな環境にでも耐えられるように固く締

まることになります。特に低地産（標高 800 〜 1000 付近）、高地産（標高2000m 付近）のコーヒー豆で、1000m 近く標高が変わるので生命力、豆の締まり方が変わってきます。
また、育った野菜は形は安定しない代わりに力強く育ち味や香りが豊かです。反対に、ハウス栽培や薬品を使用して育てられた野菜は、形が良いが味や香りは弱くなります。これは植物である、コーヒーの木でも同じことです。

気圧

高地（空気が薄い）
エキス分が高く
固く締まる

低地（空気が濃い）

抽出から考える挽き目

抽出方法によっても、最適な豆の挽き目は変化します。ドリップ、サイフォン、フレンチプレスなどはゆっくり抽出するため、それほど挽き目にこだわらなくてもエキスは出てきます。一方、エスプレッソは急速に抽出するため、挽き目を考慮しなければしっかりとエキスを抽出できません。つまりブレンドの考え方を根本的に変える必要があるのです。ブレンドコーヒーの豆は、すべて単一での豆の挽き目を調べることから始まります。た

とえば、粗い挽き目でエキスの出るコーヒー豆Aと、細かく挽かないとエキスの出ないコーヒー豆Bでは、ブレンドをしても美味しくなりません。それは挽き目をAの豆に合わせると、Bの豆からはエキスが抽出できず、逆にBの細かい挽き目に合わせると、Aの豆が抽出過多でえぐみを出してしまうためです。挽き目を揃えることで、すべての豆を最適な抽出加減にできます。

ブレンド

単一の豆の挽き目を調べたら、ベースの豆に近い挽き目のコーヒー豆をセレクトし合わせます。コーヒー豆はそのときの焙煎状態、湿度、ブレンド状態でエキスの出方が変わります。ブレンド状態であるということは、たとえばベースの豆と合わせた豆を8：2でブレンドした場合、抽出の際に多少の割合のムラが起きる可能性があるということです。それらのリスクを下げるために、挽き目を近いものにする必要があります。

ブレンドする豆の種類が多くなると、1杯分の分量の中にまったく入らない種類ができてしまい、毎回違った味わいになってしまいます。たとえば4種類のコーヒー豆をブレンドした際、基本的に等分（25％）で合わせることはありませんがまずはベースの豆があり、それだけでは足りない味わいの部分を挽き目の合うコーヒー豆から1〜2種類を足して補い、バランスを取ることでリスクを減らし、味を安定させます。

 良い例

基本となるベースのコーヒー豆に、足りない要素を挽き目の同じ種類から選び補助することで、抽出できるコーヒーの味をまとめる。全体の比率も良く、シングル分量でも影響は少ない。

 悪い例

ベースの豆を40％、ブレンドする豆3種それぞれを30％、20％、10％でブレンドを構成したときシングルが7〜10gとして、ブレンドの中の10％のコーヒー豆3が毎回必ず入る可能性は低い。

(7) エスプレッソマシンの基本と 美味しいエスプレッソの淹れ方

コーヒー豆を加圧しながら、エキスを抽出するエスプレッソ。
抽出に欠かせないマシンについて、知ることも重要です。
マシンの使い方から、淹れ方までマスターしましょう。

エスプレッソ マシン

エスプレッソ用に細かく挽いたコーヒー豆を、高いポンプ圧をかけて抽出することができる、イタリア発祥のマシン。

豆の挽きから抽出工程まで、すべてを自動で行うタイプのマシンをオート（全自動式）、豆の挽きからセッティング（ドーシング、レベリング、タンピング、ホルダーの装着）までを人がおこない、抽出のみをマシンがおこなうタイプをセミオートと呼びます。

業務で使う場合は店舗の席数や立地、おおよその一日の提供杯数などを考慮し、連続抽出が可能なことやスチームの安定性などの高い性能が求められます。

提供杯数が多い場合はボイラーのサイズやポンプの種類、混雑時の対応ができるかなど規模に合わせた選択が必要になります。

現在ではメーカー独自の開発などが盛んにおこなわれています。抽出温度の設定（PID）だけでなく抽出圧力の調節や、各グループとホットウォーターの温度管理、スケールが内蔵されており、抽出されたエスプレッソの重量を計測する機能がついたものなど、さまざまなテクノロジーが生み出されています。

エスプレッソ グラインダー

エスプレッソの抽出は、コーヒー豆を極細挽きできるグラインダーが必要です。「コニカル刃」や「フラット刃」といった刃の形状、回転数により生じる熱の影響なども考慮し、店舗の規模、杯数によって選択しましょう。粒度が安定し、熱を逃がす構造や粉の無駄が出にくいものなどがおすすめです。エスプレッソマシンにこだわるより先に、グラインダー選びも重要なのです。コーヒーの美味しさは揮発性の高いオイル成分の香りで、挽きたては香り高いコーヒーを抽出できますが、時間がたつにつれて香りが無くなります。できる限り、淹れる直前に豆を挽くことが良いでしょう。

エスプレッソを淹れる

エスプレッソは加圧しながら抽出する抽出法です。エスプレッソの抽出はドリップ同様の変動要素に加え、マシンによってコーヒーに加わる圧力（9bar）の影響や定期的な器具類のメンテナンス、抽出をおこなうまでの技術などが、より複雑に味へ影響します。短時間で少量の濃いコーヒーの抽出をおこなうため、抽出による差異は生じやすくなります。美味しいエスプレッソを抽出するためには、知識と技術が必要不可欠なのです。

[フラッシング] ポルタフィルターを外し、お湯を流す。ポルタフィルターに、水分が残らないよう乾いた布でキレイに拭く。

[ドーシング] ポルタフィルターに粉を規定量入れる。

中心が山になるよう、粉を詰める。

[レベリング] 規定量±0.3g程度になるよう、指で溝を埋めるようなイメージですり切り、粉を均一にならす。

[タンピング] タンパーを使用し、水平になるように粉を押し固める。※過度に力をかける必要はない。水平であることが重要。

タンピング後、タンパーの傾きや固まった粉の位置などを確認し、水平にする。

ポルタフィルターをマシンにセットし、抽出を開始する。※粉を固めた後に水分を入れたり、ポルタフィルターをぶつけるのはNG。

抽出量を計測し、抽出を止める。※クレマがある分、抽出量が目視で確認しにくいため、スケールで計測すると良い。

表面にはクレマと呼ばれるコーヒーオイルと水と、油分が乳化したクリーム状の泡の層ができる。

フォームドミルクの作り方と
ラテアートの描き方

About Drink **8**

ラテメニューに欠かせないフォームドミルクを作る際の、コツや原理を学びましょう。
フォームドミルクで描いたラテアートは、ラテを楽しむ醍醐味のひとつです。

フォームドミルク

きめの細かいなめらかな状態のミルクは、
甘味を感じやすくさせる。60〜65℃がベスト。

① 撹拌できる適切な場所に、ノズルの先端を合わせる。

② スチームノズルには、前に使用した蒸気が水分として残っているため、空ぶかしをし水分を捨てる。

③ 水分を捨てるだけでは、牛乳を先端につけた際に冷えてしまい、すぐに水分になるため、ノズル全体が熱くなるまで空ぶかしをする。

④ ミルクピッチャーに牛乳を入れ、液面から1cm下までノズルの先端を入れる。

⑤ スチームノブを一気に全開にし、温める。ピッチャーを下げ「チチチッ」という金属音を確認しながら、泡を作り始める。

⑥ 規定量の泡が作れたらピッチャーを1mm上げ、63℃になるまで撹拌する。(温度計では53℃位で止めると予熱で63℃位になる。)

⑦ スチームノブを止め、ミルクピッチャーを外しダスターで拭く。空ぶかしをし、ノズルに残ったミルクの残りを出しきる。

⑧ ノズル先端の位置が悪いと、泡が大きくなり滑らかさがなくなり、甘さを感じないミルクになる。

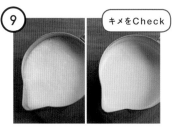

⑨ キメをCheck

泡立ちが均一におこなえると、写真右のようになめらかでツヤのある　表面になる。写真左のように泡の大きさが不規則なものは NG。

フォームドミルクの泡立ちの仕組み（ラムスデン現象と乳化）

牛乳を 40℃以上に温めると、表面に膜ができます。この現象をラムスデン現象といい、スチームの熱で表層部を蒸かすことで、蒸気に触れている部分から水分が蒸発します。表層部の牛乳に溶けているタンパク質と脂肪が部分的に熱変性で濃縮され、凝集して表面に膜を作ります。豆乳から作られる『ゆば』もこれと同じ原理です。

最初にできる膜は 70％以上も脂肪が含まれています。牛乳の水分中には乳脂肪が点々と分散していますが、水分と油分は混じり合わないので、本来ならば乳脂肪だけが分離して表面に浮いていることになります。しかしこの乳脂肪は特殊で、まわりを水になじみやすい被膜に覆われた球体で存在しています。この乳脂肪は外からの物理的な刺激に大変弱く、かき混ぜればその衝撃で被膜がだんだん破れていき、破れ目から中にある、粘り気を持った乳脂肪が飛び出します。飛び出した乳脂肪と乳性タンパク質が「のりづけ」の役目を果たし、水分中に存在する乳脂肪を次々にくっ付けていきます。それを「乳化」といいます。

さらにかき混ぜることで、乳脂肪同士の凝集が進み、空気中から取り込まれた気泡を取り囲むようにして網目状の骨格を形成していき、泡立ちます。直接水分に接していないことで、水分中でも分離することなくいられるのです。

泡だけ作ったフォームドミルクは甘さを感じず、しばらく経つと細かい泡が上に浮いてくる特徴があります。

ラテアートの描き方

乱暴に注ぐとクレマが壊れて、アートが描けなくなります。また、低い位置から注ぐとクレマの上にフォームドミルクがのってしまい、真っ白な仕上がりになってしまいます。

① エスプレッソのクレマの下を突き抜けるように、カップを傾けて底をめがけ少し高い位置から、真下に落ちるよう静かに注ぎ入れる。

② ピッチャーの注ぎ口と液面が近くなるまで、真下に落ちるように静かに注ぎ入れる。

③ 真下に注いでいたミルクを勢いよく注ぎ、クレマの層の上にフォームドミルクをのせる。※カップを水平に戻す際に、注ぎ口と液面を遠ざけてしまうと、再びクレマの下に突き抜けてしまうので注意。

④ そのままの勢いで、液面と注ぎ口の距離を保ちながらカップの傾きを起こす。ピッチャーを液面から遠ざけ、細い線で反対方向にゆっくり動かす。

⑤ 勢いを変えずに注ぐことにより、白い泡が注ぎ口からカップ液面に大きく膨らみ、なめらかな表面になる。

⑥ フォームドミルクの泡が不規則だと、写真左のようにラテ表面の仕上がりにも影響する。

エスプレッソ×ミルクのドリンクと 国ごとのカプチーノを知る

カプチーノ、カフェラテなどのミルクビバレッジは、そのほとんどが
コーヒーとミルクだけで作られるため、区別が難しい。基本的な分類と合わせて、
国ごとにある違いも知ると、メニュー提供の幅が広がります。

分類

ミルクとコーヒーの割合やドリンクの総量で
分類分けができます。
目的やニーズに合ったセレクトをしましょう。

ロング

カフェラテなどに分類されるミルクビバレッジのなかでミルクの量が多く、時間をかけて楽しむドリンク。ミルクの甘さを損なわない程度に温度を高めに提供すると良い。

ショート

マキアートやコルタドのように少量で小さいドリンク。すぐに飲みきれるサイズで提供されるため、少し低めの温度帯でミルクを温め、甘みを強く引き立たせる。

アザー

日本の喫茶店のカプチーノのように、独自の変化を遂げたドリンクも存在する。コーヒーとミルクだけでなく、スパイスなどが用いられることもある。

ミルクとエスプレッソの ドリンクを比率で見る

スチームしたミルクとエスプレッソの、
混ぜる比率や注ぐ順番で
ドリンクの名称は変化します。

マキアート

同量を合わせるため、
非常にコーヒー感が強いドリンク

ミルク：エスプレッソ＝1：1

ミルク

エスプレッソ

カプチーノ

ミルクがカフェラテより少なく、
泡が多く入る

ミルク：エスプレッソ＝5：1

ミルク

エスプレッソ

カフェラテ

ミルク感を感じやすく、
ミルクビバレッジの代表格

ミルク：エスプレッソ＝7：1

ミルク

エスプレッソ

カプチーノ

由来は泡の形が、イタリアのカプチン修道がかぶる頭巾
"カプッチョ（cappuccio）"に似ているという説や、エスプレッソとミルクの混ざった色が、
カプチン修道士の修道服と似ているという説がある。

オーストラリア

フォームを多めにして作られ、カフェラテよりミルクが少ない。ココアパウダーをかけて提供されることが多い。

イタリア

イタリアでは、バールで、朝にクロワッサンやブリオッシュなどとともに飲まれることが多いドリンク。オーストラリアと同じく、ココアパウダーを合わせる。

日本

日本の喫茶店でよく提供される、ドリップコーヒーに牛乳または、ホイップクリームを加え、シナモンパウダーやシナモンスティックを添えたドリンク。

10

国ごとのカフェラテの
ミルクと泡の量の変化

同じカフェラテでも、泡の有無や厚さなど国によって
さまざまな特徴があります。エスプレッソ以外の、
コーヒーとミルクを合わせたドリンクも紹介します。

| **カフェラテ** | ラテアートなど、表面が華やかなことが多くあります。
国やお店によって、定義の幅が広いドリンクです。 |

イタリア

スチームしたミルクの泡を、入れず
に仕上げるのが特徴。エスプレッソ
とミルクでシンプルな飲み方。

オーストラリア

グラスで提供されることが多いタイ
プ。ミルク感をしっかりと感じられ
る一杯。

シアトル

ラテアート発祥の地と言われ、その後日本でも広がった。シアトル系と呼ばれるコーヒーチェーンの大半は、容量とミルクが多めで作られる。

フラットホワイト

フラットホワイトは数多くミルクバリエーションがあり、オーストラリアやニュージーランドなどでよく飲まれているドリンクです。もともとエスプレッソにミルクを入れたドリンクをホワイトコーヒーと呼び、後にフォームミルクを平にのせた見た目から、フラットホワイト呼びが定着したとされています。店舗によってレシピが違うため明確な定義づけは難しいですが、主にエスプレッソのダブルのリストレットを使用し、カフェラテよりもフォームを薄く作ったドリンクを指します。

泡の厚みが異なる

フラットホワイト　　　シアトル

上からでは分かりにくいが、ミルクとエスプレッソの比率が近くても、泡の厚さに差が表れる。

エスプレッソ以外の
ミルクと合わせるコーヒー

au lait はフランス語でミルクという意味です。カフェラテとよく間違われますが、カフェオレはエスプレッソではなく、ドリップやその他の抽出法で抽出されたコーヒーで作るのが大きな違いです。基本的にコーヒーとミルクの比率は同量程度で、しっかりとミルク感が味わえます。コーヒーとミルクをポットに入れ二つを同時に合わせる作り方もあり、フランスではカフェオレボウルで作られることもあります。

カフェオレ

まだまだある
ミルクビバレッジの種類

エスプレッソとスチームミルクを組み合わせた
ドリンクであるミルクビバレッジ。
混同されやすいドリンクを見分けるには、違いを知ることが大切です。

ミルクビバレッジ

ミルクの温度帯や泡の質感などで、
甘みの感じ方などの印象が変わります。
最適な味わいを引き出しましょう。

ミルクビバレッジは飲まれている国、エスプレッソに対して合わせるミルクの量や泡の量、泡の質感などによって名称が変わります。コーヒーとミルクだけで作られるシンプルなものがほとんどですが、コーヒーとミルクの比率で味わいが変化するため、カクテルのような世界ともいえます。

エスプレッソ以外のコーヒーと合わせてカフェオレになったり、カップではなくグラスで作ることで名前が変わる場合もあります。提供される店舗によって多種多様なものが存在するため、明確な定義付けは難しくなります。作成時のヒントとなるそれぞれの概要について把握しましょう。

マキアート

マキアートは勘違いされやすいドリンクのひとつ。エスプレッソに少量のミルクを注ぎ入れて作るドリンクで、牛乳とコーヒーの比率は1：1ほどで作られる。甘味を加えず作られるため、キャラメルや甘いシロップを加えるラテマキアートと誤解を生みやすいので注意が必要。マキアートとはイタリア語で「染みのついた」という意味の言葉で、エスプレッソに注いだミルクの跡が染みのように見えることから名づけられた。

ラテマキアート

ラテマキアートは通常のマキアートとは逆に、スチームミルクを注いだ後にエスプレッソを注ぐのが特徴。ミルクにエスプレッソの「染み」がつくのでラテマキアートと呼ばれる。クレマではなくミルクのフォーム部分がカップ上部に位置するため、甘味を最初に感じ、口当たりが柔らかくなる。

キャラメルマキアート

コーヒーチェーン店などで、よく飲まれているドリンク。しっかりフォームを作ったカフェラテの上からキャラメルソースをかけ、キャラメルの染みをつける甘いコーヒー。バニラシロップを加えて、作られることもある。使われているシロップは、当初ヨーロッパでカクテルやソーダなどの冷たいドリンクに使用されるために開発されたものであった。

コルタド／ジブラルタル

コルタド（Cortado）は、エスプレッソに少量のミルクを注ぎ入れて作るドリンクである。牛乳とコーヒーの比率は1：2や1：3が基本で、エスプレッソを抽出後にスチームしたミルクを加える。ミルクの泡は薄く滑らかな質感で作り、ミルクの温度も少し低めの温度で作られる。「切る」という意味のスペイン語の動詞の過去分詞が名前の由来。アメリカには "Gibraltar"（ジブラルタル）と呼ばれる似たドリンクが存在し、サンフランシスコのBlue Bottle Coffee が、ジブラルタルと呼ばれるグラスで提供し始めた事が起源。

マジック

エスプレッソダブルを通常の抽出量より少なめで抽出し、酸味や甘味をより濃く抽出する、リストレットという淹れ方を使用。フラットホワイトよりもミルクの量が少なめで作られる、メルボルン発祥のドリンク。泡の量も少なめで作られるため、エスプレッソの味がよりストレートに感じられる。

BASE

コーヒー

Cold

エスプレッソ
トニック

カフェやコーヒースタンドで親しまれる、夏の定番。
エスプレッソベースの爽やかなドリンクは、
豆の種類やトニックウォーターを変えてアレンジできる。

材料（ドリンク1杯分）
エスプレッソダブル ……… 40g
トニックウォーター ……… 130g
レモンスライス ……… 1枚

Cold
1. エスプレッソを抽出する。
2. グラスに氷（分量外）と、
   トニックウォーターを
   静かに注ぐ。
3. 1のエスプレッソを、
   氷に当てながら静かに注ぐ。
4. レモンスライスを飾る。

シェケラート

イタリアンバルなどで飲まれる、
エスプレッソをシェイカーで急速に冷やしたコーヒードリンク。
少し水を加えることで、濃度や温度を調節すると泡が作りやすい。
ミルクや柑橘のピールを入れても◎。

BASE
コーヒー

Cold

材料（ドリンク1杯分）
エスプレッソダブル ……………… 40g
グラニュー糖 ………………………… 15g
水 ……………………………………… 40g

Cold
1. エスプレッソを抽出する。
2. シェーカーに**1**とグラニュー糖を
　入れ溶かし、水を入れる。
3. **2**に氷（分量外）を入れる。
4. シェーカーを振り、
　急冷しながら空気を含ませる。
5. グラスに注ぎ入れる。
　ボディを外し、しっかりと泡まで
　グラスに注ぐ。

Point

1

氷はエスプレッソから出るくらい、
多く入れる。

2

シェーカーの蓋をしっかり閉め、平
行に倒して8の字にシェイクする。

Part 1 ｜ コーヒーのソフトドリンク

031

BASE

チョコレート

Cold

カフェモカ

チョコレートの濃厚さとエスプレッソのビターさがマッチ。
カカオ感の強いダークチョコと、
甘みの強いミルクチョコが味わい深い一杯。

材料（チョコレートソース）
ダークチョコレート
（クーベルチュール）……150g
ミルクチョコレート
（クーベルチュール）……50g
お湯……200g

1. ダークチョコレートと
　 ミルクチョコレートを合わせ、
　 お湯を注ぎ溶かし、
　 チョコレートソースを作る。

材料（ドリンク1杯分）
エスプレッソ……20g
チョコレートソース……40g
牛乳……150g
ダークチョコレート……5g

Cold
1. エスプレッソを抽出する。
2. 1にチョコレートソースを入れ、混ぜる。
3. グラスに2を注ぎ、
　 氷（分量外）を入れ牛乳を注ぐ。
4. グラスの上から、ダークチョコレート
　 を削ってかける。

コーヒーゼリー
フロート

定番のコーヒーフロートに、
コーヒーゼリーを入れて食感も楽しむドリンクに。

材料（コーヒーゼリー）
ゼラチン（粉）‥‥‥‥‥‥‥‥‥10g
水（ゼラチン用）‥‥‥‥‥‥‥30g
エスプレッソ‥‥‥‥‥‥‥‥‥50g
水‥‥‥‥‥‥‥‥‥‥‥‥‥‥350g
グラニュー糖‥‥‥‥‥‥‥‥100g

1. ゼラチンを水に浸け、ふやかす。
2. 鍋にエスプレッソと水、
　　グラニュー糖を入れ、中火にかけて
　　60℃まで温める。火を止め、
　　1を入れ混ぜ合わせる。
3. ゼラチンが溶けたら、
　　鍋を氷水（分量外）に当てて
　　濃度が出るまで冷やす。
　　容器に流し入れ、
　　冷蔵庫で冷やし固める。

材料（ドリンク1杯分）
アイスコーヒー‥‥‥‥‥‥‥150g
ソフトクリーム‥‥‥‥‥‥‥100g
コーヒーゼリー‥‥‥‥‥‥‥50g

Cold
1. グラスに氷（分量外）
　　アイスコーヒーを順に注ぐ。
2. ソフトクリームを絞り、
　　コーヒーゼリーをかける。

Part 1 ｜ コーヒーのソフトドリンク

BASE

コーヒー

Cold

アイスグレープフルーツ
コーヒー

柑橘の香りのコーヒーに合わせた、
クレープフルーツの果汁と果肉を堪能して。

BASE

コーヒー

Cold

材料（グレープフルーツコンポート）
グレープフルーツ ……………………1個
[A]
白ワイン ……………………………80g
水 ……………………………………50g
グラニュー糖 ……………大さじ4（60g）
塩 …………………………………ひとつまみ

1. グレープフルーツの実を取り出す。
　（カルチェ）。
2. Aを鍋に入れ火にかける。
　　グラニュー糖が溶けたら**1**を入れ、
　　冷ます。

材料（ドリンク1杯分）
グレープフルーツ ……………………1個
グレープフルーツコンポート ……100g
エスプレッソ
（柑橘系の香りの豆）……………50g

Cold
1. グレープフルーツをスクイーザーで絞る。
2. グラスにグレープフルーツコンポート
　　を入れる。
3. 氷（分量外）を入れ、
　　1と、エスプレッソを順に注ぐ。

材料（ドリフランボワーズソース）
フランボワーズピューレ … 250g
グラニュー糖 ……………… 250g
レモンピューレ …………… 10g

1. 鍋にフランボワーズピューレと、グラニュー糖、
   レモンピューレ5gを入れ、中火にかける。
   沸騰直前まで温め、グラニュー糖を溶かす。
2. 火からおろし、氷水（分量外）に当てて冷ます。
   レモンピューレ5gを入れる。

材料（ドリンク1杯分）
エスプレッソ
（ベリーの香りの豆）……… 50g
フランボワーズソース … 30g

Hot
1. エスプレッソを抽出する。
2. エスプレッソに、フランボワーズソースを添える。

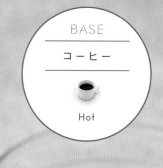

BASE
コーヒー

Hot

エスプレッソと果実

季節のフルーツと、同じ匂いのコーヒー豆を使用した
エスプレッソで、芳醇な香りが広がる。

材料（ミルクチョコレートソース）
牛乳 ·················· 150g
ミルクチョコレート
（クーベルチュール） ········ 150g

1. 温めた牛乳にミルクチョコレート
　を入れ溶かし、
　チョコレートソースを作る。

材料（ドリンク1杯分）
エスプレッソ ············· 50g
チョコソース ············· 30g
ドリップコーヒー ·········· 120g
ホイップクリーム
（エスプーマ） ············ 30g
エスプレッソ粉 ············ 適量
カカオニブ ··············· 少々

Hot
1. エスプレッソを抽出する。
2. カップにチョコレートソースと
　エスプレッソを注ぎ、よく混ぜる。
3. 2にドリップコーヒーを注ぐ。
4. ホイップクリームを絞り、
　エスプレッソ粉と
　カカオニブをふりかける。

チョコレート
コーヒー

ドリップコーヒー×エスプレッソの苦味に、
ホイップクリームの甘さが
まろやかさをプラスしてくれる。

BASE

コーヒー

Hot

材料（レッドアイ）
エスプレッソ ……………………… 25g
ドリップコーヒー ………………… 125g

材料（ブラックアイ）
エスプレッソ ……………………… 50g
ドリップコーヒー ………………… 100g

材料（デッドアイ）
エスプレッソ ……………………… 75g
ドリップコーヒー ………………… 75g

Hot
1. エスプレッソを抽出する。
2. ドリップコーヒーにエスプレッソを入れる。

Cold
1. エスプレッソを抽出する。
2. グラスに氷（分量外）と、1、ドリップコーヒーを入れる。

BASE

コーヒー

Hot & Cold

レッドアイ
（ブラックアイ、デッドアイ）

ドリップコーヒーにエスプレッソを入れて、
コーヒーの味わいをより濃く、深く演出する。

Part 1 ｜ コーヒーのソフトドリンク

材料（ドリンク1杯分）
アールグレイ（茶葉）·············3g
お湯·····················150g
エスプレッソ·············25g

Hot
1. 茶器とカップにお湯
   （分量外）を注ぎ、温める。
2. 茶器のお湯を捨て、茶葉を入れる。
   沸騰したお湯を勢いよく注ぎ、
   蓋をして4分間蒸らす。
3. エスプレッソを抽出する。
4. **1**のカップのお湯を捨て、
   エスプレッソと**2**を注ぐ。

アールグレイカフェ

コーヒーとアールグレイを、
同じ柑橘系の香りで統一することで、
後味さっぱりのティーカフェが完成。

BASE
コーヒー

Hot

BASE
コーヒー

Cold

材料（フランボワーズフォーム約400g）
水 ························· 200g
フランボワーズピューレ···· 100g
グラビュー糖 ·············· 80g
エスプーマ用フォーム········· 20g

1. ブレンダーに材料をすべて入れ、
   攪拌する。
2. **1**をボトルに入れ、ヘッドを閉める。
3. ガスボンベのバルブを開け、
   ガスジョイントを注入口に押し込み
   充填する。
4. ガスの音が止まったら、
   ガスジョイントを外し、バルブを閉める。

材料（ドリンク1杯分）
エスプレッソ ················ 50g
水 ·························· 適量
フランボワーズフォーム········· 30g

Cold
1. グラスに氷（分量外）とエスプレッソ、
   水を入れる。
2. フランボワーズフォームを**1**の上に絞る。

フランボワーズ
フォーム

フランボワーズの甘酸っぱさを
クリーミーなエスプーマにし、
エスプレッソの苦味を爽やかにする。

BASE

コーヒー

Cold

ナッツカフェラテ
（練乳タピオカ）

練乳タピオカでコクと食感UP！
アーモンドミルクとクラッシュアーモンドが香ばしいカフェラテ。

材料（タピオカ）

水 ·······················1200g
ゴールドタピオカ ··············200g

1. タピオカの5～6倍量の水を、
   強火で沸騰させる。
2. ゴールドタピオカを入れ
   強火で混ぜながら煮る。
   再沸騰したら中火にし、
   40分煮る。
3. 火からおろしザルでこし、
   ウォーマーやジャー等で
   保温する。
※ 茹でると1.5倍になる。

材料（ドリンク1杯分）

タピオカ（茹で）··············80g
練乳 ························30g
エスプレッソ ··················50g
アーモンドミルク ··············160g
ホイップクリーム ··············50g
クラッシュアーモンド·········適量

Cold
1. グラスにゴールドタピオカと
   練乳を入れ、軽く混ぜる。
2. エスプレッソを抽出する。
3. 1に氷（分量外）と
   アーモンドミルクを入れ、
   エスプレッソを静かに注ぐ。
4. ホイップクリームを絞り。
   クラッシュアーモンドをふりかける。

ジュレコーヒー

ブレンダーにエスプレッソとイチゴゼリーを入れて撹拌することで、
とろみのあるフルーツコーヒーに。
コーヒー豆の香りは、フルーツと合わせてチョイスする。

BASE

コーヒー

Cold

材料（イチゴゼリー）

ゼラチン（粉）	10g
水（ゼラチン用）	30g
イチゴピューレ	200g
水	200g
グラニュー糖	100g

1. ゼラチンを、水（ゼラチン用）に
　入れふやかす。
2. 鍋にイチゴピューレと、水、
　グラニュー糖を入れ中火にかけ、
　60℃まで温める。
　火を止め、**1**を入れ混ぜ合わせる。
3. ゼラチンが溶けたら
　氷水（分量外）に当て、
　濃度が出るまで冷やす。
　容器に流し入れ、冷蔵庫で固める。

材料（ドリンク1杯分）

エスプレッソリストレット	30g
水	70g
イチゴゼリー	100g

Cold
1. ブレンダーに
　エスプレッソリストレットと、
　水、イチゴゼリーを
　入れて撹拌する。

Point

加熱しすぎないよう、温度計でしっ
かりと温度を確認する。

ゼラチンはかたまりが残らないよう
に丁寧に溶かす。

3で冷蔵庫に入れる前に表面に霧吹
きをかけ、気泡をとる。

ホワイトカフェラテ

真っ白な見た目に反して、
コーヒーの香りがしっかりとする不思議なミルク。
蒸留器で香りを取り出し、
コーヒー豆を牛乳に漬け込むことで、
苦さと香りを移す。

材料（ホワイトコーヒー）
牛乳 1000g
コーヒー豆 50g

1. 牛乳にコーヒー豆を入れ、
　　6時間漬ける。
2. ザルでコーヒー豆をこす。

材料（コーヒーエキス）
コーヒー豆 200g
水 1000g

1. コーヒー豆を粗挽きにし、
　　サラシに入れる。
2. 1と水を蒸留器に入れる。
3. 火にかけ、400gのエキスを
　　取り出す。

材料（1杯分）
ホワイトコーヒー 200g
コーヒーエキス 20g

Cold
1. グラスに氷（分量外）を入れ、
　　ホワイトコーヒーと、
　　コーヒーエキスを順に注ぎ入れる。

Point

蒸留器に水とコーヒー豆を入れ火に
かけることで、蒸気からコーヒー豆
の香りが抽出できる。

コーヒー豆を漬けるときは、密閉で
きる瓶などで保存すると良い。

BASE
コーヒー
Cold

Part 2

Tea Soft Drink

Drink Textbook

お茶の
ソフトドリンク

茶葉の種類に合わせた淹れ方を把握しましょう。
基礎をしっかり守ることで、お茶の美味しさを
最大限に引き出すことができます。

お茶の種類と抽出成分を把握する

お茶といっても、産地や葉の種類、形、製法などによって
淹れ方や抽出できる成分の量に差があります。
それぞれの特徴を知ることで、適した淹れ方を選ぶことができます。

葉の形と製法・発酵

葉の長さは4〜5cmのものから、20〜30cmと極めて大きいものまでありますが、お茶の木は1種のみです。製法によって緑茶や紅茶など、さまざまなお茶に変化します。

栽培している国によって製法は異なり、日本は不発酵茶が多く愛飲されています。中国は地域によって、不発酵の緑茶から発酵させた青茶や、青茶以上に発酵させたプーアル茶など、幅広い製法を用います。紅茶圏では、主に発酵茶が楽しまれています。生産地域によって香りがまったく違うのも特徴です。土地にあった食文化があり、それぞれに合ったお茶が定着し愛されています。

| 蒸製 |

煎茶、玉露、かぶせ茶、玉緑茶、番茶
[適温] 50〜80℃

| 紅茶 |

ダージリン、アッサム、ニルギリ、ウヴァ、キームン、ディンブラ、アールグレイティー
[適温] 90〜100℃

| 釜炒製 |

[中国] ロンジンチャ（龍井茶）、コウザンモウホウ（黄山毛峰）、トインモウセン（都匀毛尖）、ドウテイヘキラシュン（洞庭碧螺春）
[日本] 玉緑茶
[適温] 70〜80℃

| 黒茶 |

プーアル茶、ピンチャ（餅茶）、ソワンチャ、ダチャ（沱茶）、ホウチャ（方茶）、ジンチャ（緊茶）
[適温] 95℃以上

| 青茶 |

ブイガンチャ（武夷岩茶）、テッカンノンチャ（鉄観音茶）、スイセンチャ（水仙茶）、ホウシュチャ（包種茶）、ハクゴウウーロンチャ（白豪烏龍茶）
[適温] 90〜100℃

| 花茶 |

桂花茶、ジャスミンティー
[適温] 85〜100℃

湯温と抽出される成分

お茶に含まれる『カテキン』という、ポリフェノール成分が注目されています。海外ではお茶は嗜好品から健康食と認識されるようになり、栄養を摂取する方に意識が変わりつつあります。

高温で淹れた方が苦味のカフェインや、渋みのカテキンが抽出されますが苦味や渋味が強くなり、飲みにくくなってしまいます。

スイーツティーは苦味や渋みを緩和し、飲みやすくなる効果もあり全世界で広がっていきました。甘さとのバランスも良く、さらに香りが強くなるので美味しく感じられるのです。

抽出成分を知ることで、どの濃さや味で飲みたいかを選ぶことができます。

温度＼成分	テアニン	カフェイン	カテキン	香り
50度	玉露			
60度	玉露			
70度	上煎茶、緑茶			
80度	煎茶、花茶白茶、黄茶			
90度	白茶、黄茶、青茶			
100度	玄米茶、紅茶、プーアール茶、ほうじ茶、黒茶、青茶			

テアニン

お茶の旨み成分の半分以上がテアニンで構成されている。そのほか、茶葉に含まれるアミノ酸は、グルタミン酸、アスパラギン酸、アルギニン、セリンなどがある。

カテキン

ポリフェノールの一種。昔からタンニンと呼ばれてきた、緑茶の渋みの主成分。

カフェイン

お茶の苦味成分であるカフェインは、若い芽に多く含まれている。そのため抹茶や玉露は、カフェインの含有量が最も高くなる。

香り

お茶の香り成分は300種類以上ある。「リナロール」や「ゲラニオール」は、レモンやバラのようにフルーティーで、花のような香りがする成分や青葉アルコール、ピラジン類などがある。

お茶の種類ごとにみる 最適な淹れ方

製法や葉の形、大きさによって適した湯温や分量は異なります。
お茶ごとの美味しさを最大限に引き出す、基本の淹れ方を覚えましょう。

基本のお茶を淹れる 考え方

お茶には多様な淹れ方がありますが「茶葉の量」、
「お湯の量」、「抽出時間」を目安にしていくのが
基本です。抽出していく茶葉によって異なります
が、旨味（アミノ酸類）、渋み（ポリフェノール）、
苦味（カフェイン）のバランスをみて調節してい
きます。

ストレートで楽しむ お茶の魅力

お茶は「カメリア・シネンシス」（チャノキ）と
呼ばれる植物が原料の飲み物であり、作られてい
る地域は世界役30ヶ国に及びます。
チャノキにはさまざまな品種が存在しています
が、主な種類としては「中国種」と「アッサム種」
の二系統に分類されます。そのほか「中国大葉種」、
「シャン種・ビルマ種」、「カンボジア種」、「近縁
種」、「カメリア・タリエンシス」と地域によって
珍しいものもあります。
気候や土壌等の自然環境、栽培や製茶の方法など、
それぞれ地域によって異なり、茶葉の形状も多種
多様です。製茶されたお茶を分類する際は「発酵
茶」、「半発酵茶」、「不発酵茶」の3種類に分けられ、
紅茶は発酵茶、中国や台湾の烏龍茶は半発酵、日
本茶の多くは不発酵茶となります。

〈不発酵茶〉
煎茶、深蒸し茶、玉緑茶

旨味の強いものは低温で、香りを引き出したいものは高
温で抽出する。

[茶葉] 4～5g　　　　[湯量] 200g
[湯温] 70～80℃　　[浸漬時間] 1～1分30秒

〈不発酵茶〉
玉露

玉露の特徴である強い旨味は、低温でも抽出されやすい。
氷水で長い時間浸させ、旨味部分だけを引き出す淹れ方
もできる。

[茶葉] 5～6g　　　　[湯量] 100g
[湯温] 50～60℃　　[浸漬時間] 1～1分30秒

〈半発酵茶〉
釜炒り茶

華やかな香りを活かすには、濃度は薄めにすると良い。
高温で抽出する場合は、渋みが強く出ることがあるため、
浸漬時間を短くして調節する。

[茶葉] 4～5g　　　　[湯量] 230g
[湯温] 85～95℃　　[浸漬時間] 1～2分

〈不発酵茶〉
ほうじ茶、玄米茶

焙煎された香ばしい香りや、甘味を強く引き出すには高
温が最適。苦味が強く出た場合は、浸漬時間か湯温で整
える。

[茶葉] 3～4g　　　　[湯量] 200g
[湯温] 90～100℃　　[浸漬時間] 30秒

〈不・弱発酵茶〉
緑茶、白茶（中国茶・台湾茶）

緑茶
茶摘後、茶葉の成分であるカテキンを熱処理することで、酸化発酵をさせない。フローラルな甘い香りを持ち，まろやかな味が特徴。
白茶
製造工程が萎凋（いちょう）と、乾燥のみの工程で作られたお茶のこと。ふんわりと甘くて柔らかい香り。

[茶葉] 2 〜 3g　　　[湯量] 250g
[湯温] 85 〜 90℃　　[浸漬時間] 2 〜 3分

〈発酵茶〉
黄茶、青茶（中国茶・台湾茶）

黄茶
加熱処理から温度を下げることにより茶葉の持つ、酵素による酸化発酵させたお茶。アミノ酸を多く含み、花や蜜のような甘い香り。
青茶（ウーロン茶）
茶葉の発酵途中で加熱することで、発酵を止めた半発酵茶。芳醇なものから清涼感のあるにおいまで、さまざまな香りがある。

黄茶　　　　　　　　　青茶
[茶葉] 3 〜 4g　　　　[茶葉] 3 〜 4g
[湯量] 250g　　　　　[湯量] 250g
[湯温] 80 〜 85℃　　　[湯温] 85 〜 95℃
[浸漬時間] 2 〜 3分　　[浸漬時間] 2 〜 3分

〈発酵茶〉
紅茶／大きい茶葉（フルリーフ）

良質な紅茶になればなるほど葉が柔らかく、そのままの状態で使用される。ゆっくり時間をかけて蒸らすことで、良質なエキスの抽出ができる。

[茶葉] 3 〜 4g　　　[湯量] 200g
[湯温] 90 〜 100℃　　[浸漬時間] 2 〜 3分

〈発酵茶〉
紅茶／小さい茶葉（ブロークン、CTCなど）

葉が硬い茶葉を、抽出しやすくするために葉を粉砕、もしくは小さくちぎり丸めたもの。短い抽出時間でも、エキスが出やすいのが特徴。

[茶葉 2 〜 3g　　　　[湯量] 200g
[湯温] 90 〜 100℃　　[浸漬時間] 1 〜 2分

エアロプレス

加圧することで、抽出力を高めることができる器具。
お茶を使ったアレンジドリンクを作る際に使用することで
副材料に負けない味わいになるよう抽出できます。

① 逆さにセットし、インバート式で抽出する。茶葉をスケールで計り入れる。

② お湯を計量しながら、注ぎ入れる。

③ スプーンなどで、粉全体を撹拌する。

④ 変動を少なくするために、少し隙間を減らす。

⑤ 1分30秒〜2分程おく。

⑥ 逆さにして耐久性の高い耐熱容器にのせ、ゆっくりとプレスする。

Part 2 ｜ 紅茶のソフトドリンク

抹茶の基本の道具と 点て方の基礎

ラテなどのソフトドリンクとしても、若者に人気の高い抹茶。
正しい点て方をすることで、抹茶本来の香りや旨味、甘味を引き出します。

抹茶

緑茶の一種であり、粉末状になった茶葉（碾茶）を
お湯と混ぜ合わせて飲むお茶。味は濃く、
独有の香りや深みのある渋み、旨味が特徴的です。

① 茶缶・抹茶

抹茶は、品質を保つため冷蔵庫に入れて保存する。しっかり密閉できるものを選ぶ必要がある。

② 抹茶碗

底が丸く点てやすいものを選ぶ。注ぎ口のついた片口タイプが、グラスにも注ぎやすく便利。

③ 茶こし

ダマを無くすため、最初に抹茶をこす際に使用する。洗いやすい、シングルメッシュのものがおすすめ。

④ スケール

粉やお湯を計るマストアイテム。

⑤ 茶筅（ちゃせん）

抹茶とお湯を攪拌するための道具。分解洗浄できるため衛生面に優れ、耐朽性も高い樹脂製のものが、カフェ等の飲食店でおすすめ。さらにきめ細かい泡を点てたい場合は、国内産の竹製の穂先の本数の多いタイプを選ぶと良い。ミルクフローサーやシェイカーなど、空気を含ませる器具でも代用可能。

⑥ 茶杓（スプーン）

抹茶をすくう匙。茶こしでこす際にも使用するため、耐久性のあるスプーンを用意する。

抹茶は手軽な飲み物

抹茶は飲料としての扱いと、世間のイメージの
ギャップのある飲み物です。抹茶は高価ではあり
ますが、飲料として楽しむ分には抽出工程のある
飲料に比べ、淹れ方がシンプルという特徴があり
ます。作法を気にせずに品質管理、ダマを無くす

一手間、抹茶の粉とお湯、茶筅があれば、誰でも
美味しく抹茶を飲むことができます。茶筅も、ミ
ルクフローサーやシェーカーなど、泡が作れるも
のなら代用できるため、淹れるためのハードルは
低いといえます。

抹茶を点てる

[材料]	抹茶粉…………3〜4g
	お湯…………30〜40g
[湯温]	80℃（±4℃）

① 茶こしで、抹茶の粉をこす。最初にこす
ことで、ダマをなくし均一に点てること
ができる。

② 抹茶に対して、少量のお湯を注ぐ。

③ 茶筅で少し練るように伸ばし、ダマをな
くす。

④ 残りのお湯を注ぎ、液面全体に泡ができ
るまで茶筅を前後に動かす。※ ICE のド
リンクで使用する場合、残りのお湯の代
わりに同量の冷水を入れて仕上げる。氷
が溶けにくく、水っぽくならない。

⑤ 茶筅で液面を優しく、前後に慣らしなが
ら動かし、大きな気泡を潰す。

⑥ 泡のサイズを均一に整える。

紅茶と緑茶の
基本の淹れ方

お茶の代表格である、紅茶と緑茶。湯温や抽出時間のほかにも、
淹れる際のルールを守ることが、美味しく淹れるコツになります。

紅茶のジャンピング

抽出時は、茶葉の様子から
最適に淹れられているか確認します。

日本人が作った紅茶用語です。熱湯を注いだとき、茶葉が熱対流によって、お湯の中で飛び上がったり舞い降りたりと上下運動をくり返す現象のことを指します。茶葉の味わいと香りを、最大限に引き出せている状態です。酸素をたくさん含んだ新鮮な軟水を使い、温めた丸型のポットに素早く、勢いよく注ぎ、フタをして充分に蒸らすという、基本的な手順をふむことで良い抽出になります。

紅茶を淹れる

お湯は汲みたての水（超軟水）を沸かしておきます。
ティーサーバー、カップ＆ソーサー、スプーンなど、
使茶器はあらかじめお湯で温めましょう。

① 温めたティーサーバーに、茶葉を入れる。

② ティーサーバーよりもやや高めの位置から、お湯を勢いよく注ぎ入れる。

③ フタをして蒸らす。

④ 蒸らし時間は茶葉によって異なるが、ミルクティーのときはやや長めにする。ティーコジーやティーマットで保温効果を高めても◎。

⑤ スプーンで、ポットの中を軽くひと混ぜする。

⑥ お茶っぱをこす。ティーサーバーを使用する場合は、濃さが均一になるようサーバーを回して、茶こしでこしながら最後の一滴まで注ぐ。

紅茶のベスト・ドロップ

抽出したポットと茶こしを一緒に軽く振って、最後の1滴まで残さずすべて入れることを『ゴールデンドロップ』または『ベストドロップ』と呼びます。

紅茶の美味しい成分が濃縮された1滴であり、その渋さが紅茶の味がグッと引き締めてくれます。

紅茶の美味しい成分はお湯よりも比重が重く、ティーポットの底に沈殿していきます。そのため

最後の1滴までしっかりと、紅茶の濃い成分を注ぎ入れる必要があるのです。

日本茶を淹れる

ティードリッパーを使った、シンプルな淹れ方。
茶葉を入れ、お湯を注ぎ浸すだけでできる。
ティードリッパーは、耐熱容器でもOK。

茶葉を計量しながら、ティードリッパーに入れる。

お湯を注ぎ入れる。

湯量は人数やカップのサイズに合わせて、定量を決める。

フタをして2分おく。

ティードリッパーのレバーを下げ、抽出を終わらせる。

耐熱容器で淹れた場合は、茶こしで茶葉をこしながら別のティーサーバーに注ぎ入れる。

日本茶の 新しい淹れ方

従来、日本茶の抽出には浸漬式が用いられてきましたが、
茶葉から引き出される可溶性物質は多く、浸漬するだけでは効率良く引き出しきれません。
抽出の方法を変えることで、より成分を引き出すことができます。

従来の淹れ方と ドリップ式

一般的に日本茶（煎茶）を抽出する際に使用する器具といえば急須です。急須は茶こし部分を含んだ抽出器具で、昔から使用されています。

煎茶の茶葉は江戸時代後期以降から変化し始め、多種多様化しました。それらの変化に合わせて、急須の形も進化しています。従来の急須での抽出では、浸漬し透過する際の湯切れの悪さによる過抽出や、傾けている際の茶葉の浸漬部分のムラなど、味の再現性やオペレーションの一貫性などが、非常に不明瞭となりやすい問題があります。

しかし茶葉と湯量の比率、湯温など変動要素を固定すれば、浸漬時間のコントロールなどで、味の調整が可能になります。味が安定すれば、茶葉の個性に応じてのレシピづくりなど可能性が広がります。

手間や利便性の観点から、一般家庭でも煎茶を淹れることが減っていますが、ドリッパーでの抽出であれば忙しい朝の時間でもフィルターを容易に洗浄でき、衛生的で抽出時間も約1分程度で茶葉の個性が引き出すことができます。その方法を紹介します。

日本茶ドリップの基本

基本は3回の注ぎです。日本茶は1煎、2煎と数回に分けてお湯を注ぎ、長時間楽しむことがほとんどです。しかしドリップ式は、コーヒーのように1杯にまとめて淹れます。

主に茶葉からのエキスを集約し、1煎（旨味）、2煎（旨味、甘み）、3煎（甘み、渋み）の味を重ねて抽出します。また、深蒸し茶など茶種によってしっかりとした収率、濃度感を出す場合は4回〜5回注ぎ分けます。

もしくは2回目まではそのまま抽出し3回目を長く浸漬することで、濃度調整をおこないます。浸漬させることで、茶葉から一定の安定した抽出をおこなうとともに、回数を分けて透過することで、茶葉のまわりに吸着しているエキスまで効率良く抽出が可能になり、旨味、甘味をベースに渋みの調整ができるようになります。お茶の味を構成する旨味、甘味（アミノ酸類）、渋み（ポリフェノール「カテキン類」）、苦味（カフェイン）といった成分の溶け出し方を理解することで、バランスの良い味を目指せるのです。アミノ酸は低温でもすぐに溶け出す成分、カテキン、カフェインは高温で抽出しやすい成分です。

基本の道具

① 浸漬式ドリッパー スイッチ

お湯を溜められる構造になっているドリッパー。本来はコーヒー用の器具だが、お茶を抽出するのにも使用可能。

② ステンレスフィルター＆サーバー

ペーパーフィルターを使うと、茶葉に含まれる多くの成分がこされてしまうため、ステンレス製を用いる。サーバーは耐熱容器であればOK。

③ 電気ケトル

沸かしたてのお湯から、抽出に適した温度まで調節可能の湯沸かしポット。湯温の管理に最適。

④ スケール

茶葉などの軽量のほか、淹れながら測ることで総量を確認できる。

日本茶を淹れる

正しくドリップすることで、
本来のお茶の旨味を、最大限に引き出せます。

HOT			ICE		
［材料］	茶葉	5〜6g	［材料］	茶葉	250g
	お湯	250g		お湯	170g
［湯温］	80〜85℃			氷	3個
			［湯温］	80〜85℃	

① サーバーにドリッパーとステンレスフィルターをセットし、茶葉を入れる。

② レバーを上げた状態で、約5秒かけてお湯を50g注ぐ。

③ 30秒後、レバーを下げ透過させる。すぐにレバーを上げる。※茶葉が約5倍の水分を吸うため、茶葉量に対して約5倍の量が理想。

④ 約5秒かけてお湯を100g注ぐ。（総量150g）約10秒浸漬し、レバーを下げ透過させる。すぐにレバーを上げる。

⑤ ④同様に、お湯を100g注ぎ、約10秒浸漬したら、レバーを下げ透過させる。（総量250g）

⑥ 1度テイストをし抽出不足があれば、注ぎ回数を増やすか、④の浸漬時間を10秒から長くし、渋みのボリュームや濃度調整する。

BASE

緑茶

Cold

煎茶トニック

低温でくり返し浸漬、透過することで
お茶の旨みやカテキンの渋み、
カフェインの苦味などをバランス良く抽出。
香りの相性が良いトニックウォーターをセレクトして。

Point

蒸らすのではなく、お湯が茶葉を通
過したらすぐにドリッパーに再度注
ぎ入れる。

材料（ドリンク1杯分）
緑茶（茶葉）──────── 8g
お湯（50℃）──────── 80g
トニックウォーター──── 130g

Cold
1. 浸漬式ドリッパーに緑茶の茶葉を入れ、
　 低温のお湯でくり返しドリッパーを透過させ、
　 甘みと渋みをバランスよく抽出する。
2. グラスに氷（分量外）と、トニックウォーターを静かに注ぐ。
3. 1を静かに注ぐ。

材料（ドリンク1杯分）

抹茶（粉）	4g
お湯	40g
牛乳	250g
和三盆	10g

Hot

1. 抹茶を茶こしでこし、抹茶碗に入れる。
2. お湯を注ぎ、茶筅で点てる。
3. 牛乳をスチームし、フォールドミルクを作る。
4. カップのフチまで、フォールドミルクを注ぐ。
5. 泡の上から点てた抹茶を静かに注ぐ。
   残った泡をのせ、染みになった部分を隠す。
6. 泡の表面が隠れるように、泡表面に和三盆を振りかける。

和三盆抹茶ラテ

和三盆の優しい甘さで、
抹茶の繊細な香りや味わいを引き立てる。
ミルクを先に注ぐことで、
抹茶の苦味を抑えて柔らかなミルクの印象に。

BASE

抹茶

Hot

Part 2 ｜ 紅茶のソフトドリンク

赤しそほうじ茶
スカッシュ

赤しそとほうじ茶を使った夏のオススメ。
和の素材の組み合わせで、
日本ならではのドリンクに。
酸味のバランスと、
塩で味の奥行きを意識して。

材料（赤しそシロップ）

赤しそ	15g
レモン汁	9g
梅酢	15g
塩	少々
お湯	120g
グラニュー糖	45g

1. 鍋に赤しそと、レモン汁、梅酢、
   塩、お湯を入れ煮出す。
   さらにグラニュー糖を加え、
   煮溶かす。

材料（ドリンク1杯分）

ほうじ茶（茶葉）	6g	赤しそシロップ	20g
お湯	50g	強炭酸	150g
きび砂糖	5g		

Cold

1. ほうじ茶の茶葉を挽いて細かくする。
2. インバードのスタイルのエアロプレスに**1**のほうじ茶を入れ、
   沸騰したお湯を注ぐ。
3. 撹拌し、フィルターをセットする。
4. 2分30秒後、ひっくり返して耐熱容器にプレスしほうじ茶を抽出する。
   きび砂糖を加え、溶かす。
5. グラスに赤しそシロップと、氷（分量外）、強炭酸を注ぐ。
   4を静かに注ぎ入れる。

材料（ドリンク1杯分）
ほうじ茶（茶葉）··············6g
お湯··············40g
きび砂糖··············5g
牛乳··············200g

Hot

1. ほうじ茶の茶葉を、挽いて細かくする。
2. インバートのスタイルのエアロプレスに**1**のほうじ茶を入れ、沸騰したお湯を注ぐ。
3. 撹拌し、フィルターをセットする。
4. 2分30秒後ひっくり返し、耐熱容器にプレスしほうじ茶を抽出する。きび砂糖を加え、溶かす。
5. 牛乳をスチームしフォールドミルクを作る。
6. **4**をカップに注ぎ入れる。**6**を注ぐ。

ほうじ茶ラテ

コーヒー抽出器具であるエアロプレスで、
ほうじ茶を濃く抽出してミルクと合わせる。
細かく挽くことで、抽出の効率が高まる。

BASE

ほうじ茶

Hot

Part 2 ｜ 紅茶のソフトドリンク

BASE

ほうじ茶

Hot

材料（ドリンク1杯分）
ほうじ茶（茶葉）··············5g
リンゴジュース··············230g
シナモンスティック··········適宜

Hot

1. 耐熱容器とカップにお湯（分量外）を注ぎ、温める。
2. 耐熱容器のお湯を捨てる。ほうじ茶の茶葉を入れる。
3. リンゴジュースをピッチャーに入れ、スチームを使って85℃まで温める。
4. カップのお湯を捨てる。**2**に**3**を注ぎ、3分蒸らす。
5. 茶こしでこしながら、カップに注ぎ入れる。シナモンスティックを入れる。

ホットアップル
ほうじ茶

リンゴジュースの甘さの後に、
ほうじ茶の香ばしい香りの余韻が心地良い、
秋冬にピッタリのドリンク。

材料（チーズクリーム）
クリームチーズ……………200g
グラニュー糖………………60g
ピンクソルト…………………2g
練乳……………………………40g
牛乳…………………………120g

1. クリームチーズと、グラニュー糖、
　　ピンクソルト、練乳をボールに
　　入れゴムベラで混ぜる。
2. 牛乳を少しずつ入れながら、
　　ミキサーで混ぜる。

材料（抹茶ソース）
抹茶（石臼挽き）………200g
お湯……………………………20g

1. 抹茶の粉は茶こしでふるい、
　　お湯を入れ混ぜ合わせる。

材料（ドリンク1杯分）
抹茶ソース……………………40g
ホイップクリーム……………30g
チーズクリーム………………50g
豆乳…………………………150g
抹茶パウダー………………適量

Cold
1. グラスの内側に抹茶ソースを20gかける。
2. ボールにホイップクリームとチーズクリームを入れ、
　　軽く混ぜ合わせる。
3. 容器に豆乳と抹茶ソースを20gを入れ、軽く混ぜ合わせる。
4. **1**に氷（分量外）を入れ、**3**を注ぐ。
　　2をのせ、抹茶パウダーをふりかける。

抹茶ティラミス

塩味を効かせたチーズクリームに、
抹茶ミルクが溶け合うデザートドリンク。

Part 2 ｜ お茶のソフトドリンク

BASE

抹茶

Cold

材料（ドリンク1杯分）
ベリーピューレ ……………… 30g
ソフトクリーム ……………… 100g
抹茶（粉） ……………………… 1.5g
お湯 ………………………………… 70g

Cold
1. グラスにベリーピューレを入れ、ソフトクリームを絞る。
2. 抹茶の粉にお湯を注ぎ、抹茶を点てる。
3. **1**に抹茶を注ぐ。

Point

グラスにソフトクリームを絞る前に、試し絞りをする。

ソフトクリーム機のレバーを下げ、グラスを小さく円を描くように動かし、ソフトクリームを巻く。

レバーを上げながらグラスの動きを止める。グラスを真下に引いて、仕上げる。

抹茶とベリーの
アフォガード

濃厚な抹茶の苦さと、
ソフトクリームの甘さがマッチ。
ベリーの酸味で、
大人が楽しむ複雑な味わい。
そのまま食べても、
溶かしながら飲んでも◎。

BASE

抹茶

Hot

材料（ドリンク1杯分）
アールグレイ（茶葉）··········3g
お湯·······························95g
オレンジジュース··············40g
オレンジスライス··············1枚

Hot

1. 茶器とカップにお湯（分量外）を注ぎ、温める。
2. 茶器のお湯を捨てる。アールグレイの茶葉を入れ、
　　沸騰したお湯を勢いよく注ぎ、蓋をして3分蒸らす。
3. オレンジジュースを温める。
4. カップのお湯を捨てる。**2**と**3**を注ぎ、
　　オレンジスライスを8等分にカットし、浮かべる。

BASE

紅茶

Hot

ホットアールグレイ
オレンジ

ホットにしたオレンジティーに、
さらにフレッシュオレンジを加えることで、
香りが豊かに広がります。

Part 2　お茶のソフトドリンク

材料（ドリンク1杯分）
ローズヒップ（花茶）······················ 4g
お湯·· 200g
ローズマリー（フレッシュ）··········· 2枝
ローズペタル（ドライ）··················· 適量

Hot
1. 茶器とカップにお湯（分量外）を注ぎ、
   温め、茶器のお湯を捨てる。
2. ローズヒップとローズマリー1枝を入れ、
   沸騰したお湯を勢いよく注ぎ、蓋をして3分蒸らす。
3. カップに2を注ぎローズペタル、
   ローズマリー1枝を浮かべる。

ローズヒップ
ローズマリー

ローズヒップの赤い色と酸味、
ローズマリーの香りが爽やかなハーブティー。

BASE

スパイス＆ハーブ

Hot

アイスミカン

☐ Restaurant　☑ Cafe　☐ Patisserie
☐ Fruit parlor　☑ Izakaya　☐ Bar

柑橘系のアールグレイティーとミカンは、相性抜群。
ストローで果肉を潰しながら、
ミカンの果肉のつぶつぶを楽しめる。

材料（アイスアールグレイティー）
アールグレイ（茶葉）………40g
お湯 ……………………630g
氷 …………………………220g
水 …………………………200g

1. アールグレイの茶葉を入れ、沸騰したお湯を
　　勢いよく注ぎ、蓋をして3分蒸らす。
2. 氷と水を入れ、氷が溶けたら茶こしでこす。

材料（ドリンク1杯分）
ミカン（缶詰）……………150g
アールグレイティー ………150g

Cold
1. グラスにミカンを入れ、
　　アールグレイティーを注ぐ。

BASE

紅茶

Cold

ブドウ
エルダーフラワーティー

☐ Restaurant　☑ Cafe　☑ Patisserie
☑ Fruit parlor　☐ Izakaya　☐ Bar

エルダーフラワーの花茶と、アルカリイオン水を
使用することで、美しいパープルの色味も楽しめる。
お茶とブドウの甘さが絶妙。

材料（アイスエルダーフラワーティー）
エルダーフラワー（花茶）……40g
お湯 ……………………730g
氷 …………………………320g

1. エルダーフラワーを入れ、沸騰したお湯を
　　勢いよく注ぎ、フタをして3分蒸らす。
2. 氷を入れ、溶けたら茶こしでこす。

材料（ドリンク1杯分）
白ブドウ（冷凍）……………8粒
アイスエルダー
フラワーティー ……………150g

Cold
1. グラスに白ブドウと氷（分量外）を入れ、
　　ペストルで潰す。
2. アイスエルダーフラワーティーを注ぐ。

BASE

スパイス＆ハーブ

Hot & Cold

フレッシュピーチティー

白桃ウーロン茶にフレッシュのモモを入れて、
香り豊かな一杯に。
カラメルの香ばしさも美味しいデザートティー。

BASE
ウーロン茶

Cold

材料（アイス白桃ウーロン茶）
白桃ウーロン茶（茶葉）……40g
お湯……………………630g
氷……………………220g
水……………………200g

1. 白桃ウーロン茶の茶葉を入れ、
   沸騰したお湯を勢いよく注ぎ、
   蓋をして3分蒸らす。
2. 1に氷と水を入れ、
   氷が溶けたら茶こしでこす。

材料（チーズクリーム）
クリームチーズ…………200g
グラニュー糖……………60g
ピンクソルト……………2g
練乳……………………40g
牛乳……………………120g

1. クリームチーズと、グラニュー糖、
   ピンクソルト、練乳をボールに
   入れゴムベラで混ぜる。
2. 牛乳を少しずつ入れながら、
   ミキサーで混ぜる。

材料（ドリンク1杯分）
モモ……………………1個
アイス白桃ウーロン茶……120g
ホイップクリーム………25g
チーズクリーム…………25g
カソナード………………適量

Cold
1. モモを大きめの角切りに
   カットし、グラスに入れる。
2. 氷（分量外）と、
   白桃ウーロン茶を注ぐ。
3. ボールにホイップクリーム、
   チーズクリームを入れ
   軽く混ぜ合わせ、2の上に注ぐ。
4. カソナードをふりかけ、
   バーナーで炙りカラメルを作る。

ショコラ アールグレイ

クーベルチュールチョコレートを使用し、
アールグレイの香りと組み合わせた
大人な味わいに仕上げて。

材料（アイスアールグレイティー）
アールグレイ（茶葉）……40g
お湯 ……………………630g
氷 ………………………220g
水 ………………………200g

1. アールグレイの茶葉を入れ、
　　沸騰したお湯を勢いよく注ぎ、
　　蓋をして3分蒸らす。
2. 氷と水を入れ、氷が溶けたら
　　茶こしでこす。

材料（チョコレートソース）
ダークチョコレート
（クーベルチュール）……150g
ミルクチョコレート
（クーベルチュール）……50g
お湯 ……………………200g

1. ダークチョコレートと
　　ミルクチョコレートを合わせ、
　　お湯を注ぎ溶かし、
　　チョコレートソースを作る。

材料（ドリンク1杯分）
チョコレートソース ………30g
アールグレイティー ………150g

Cold
1. チョコレートソースを
　　グラスの内側にかける。
2. 氷（分量外）を入れ、
　　アールグレイティーを注ぐ。

BASE

紅茶

Cold

Part 2　お茶のソフトドリンク

065

BASE

ジャスミン茶

Cold

ピーチジャスミン
スムージー

中国でも人気の、フルーツジャスミンティー。
フルーツを凍らせることで、
氷を入れなくても冷たいドリンクに仕上げられ、
最後まで薄まらずに飲める。

材料（アイスジャスミンティー）
ジャスミン（茶葉）…………40g
お湯…………………………630g
氷……………………………220g
水……………………………200g

1. ジャスミン茶の茶葉を入れ、
　　 沸騰したお湯を勢いよく注ぎ、
　　 蓋をして3分蒸らす。
2. 1に氷と水を入れ、
　　 氷が溶けたら茶こしでこす。

材料（ドリンク1杯分）
アイスジャスミンティー……150g
冷凍ピーチ…………………100g
ピーチピューレ………………50g
レモンピューレ………………5g

Cold
1. ブレンダーにジャスミンティーと、
　　 冷凍ピーチ、ピーチピューレ、
　　 レモンピューレを入れ撹拌する。
　　 グラスに注ぐ。

BASE

玄米茶

Hot & Cold

イチゴあんこ ティーラテ

イチゴと白あん、求肥で仕上げたドリンクは、
まるでイチゴ大福。
食べながら飲める至高のデザート・ドリンク。

材料（アイス玄米茶）

玄米茶（茶葉）	40g
お湯	630g
氷	220g
水	200g

1. 玄米茶の茶葉を入れ、沸騰したお湯を
   勢いよく注ぎ、フタをして3分蒸らす。
2. 氷と水を入れ氷が溶けたら、茶こしでこす。

材料（ドリンク1杯分）

白あん	40g
アイス玄米茶	100g
牛乳	30g
イチゴ	5粒
求肥	5粒

Cold

1. グラスに白あんを入れる。
2. 1にアイス玄米茶と氷（分量外）を入れる。
   牛乳を注ぎ、カットしたイチゴ、求肥をのせる。

Part 2 ── お茶のソフトドリンク

フローズン
杏仁タピオカ
ミルクティー

定番のタピオカミルクティーに、
凍らせた杏仁豆腐を削りかけてアクセントに。
とろみのある不思議な食感のかき氷がクセになる。

材料（タピオカ）
お湯 ･･････････････････････ 1200g
ゴールドタピオカ ･･･････････ 200g
三温糖 ････････････････････ 80g

1. タピオカの5～6倍量の水を、
   強火で沸騰させる。
2. ゴールドタピオカを入れ
   強火で混ぜながら煮る。
   再沸騰したら中火にし、40分煮る。
3. 火からおろしザルでこし、
   ウォーマーやジャーに入れ、
   三温糖をからめて保温する

材料（ミルクティー）
ウバ（茶葉） ･･････････････ 3g
お湯 ･･････････････････････ 100g
牛乳 ･･････････････････････ 200g

1. 鍋にウバの茶葉と水を入れ、
   中火にかける。
   沸騰してから2分煮出す。
2. 牛乳を加え、
   馴染ませてから茶こしでこす。

材料（冷凍杏仁豆腐）
アーモンドミルク ･･･････････ 150g
牛乳 ･･････････････････････ 150g
杏仁霜 ････････････････････ 20g
グラニュー糖 ･･････････････ 30g
ゼラチン（粉） ････････････ 5g
水（ゼラチン用） ･･････････ 30g

1. ゼラチンを水に漬け、ふやかす。
2. 鍋にアーモンドミルク、牛乳、
   杏仁霜、グラニュー糖を入れ、
   中火にかけて60℃まで温める。
   火を止め、1を入れ混ぜ合わせ、
   ゼラチンを溶かす。
3. 氷水（分量外）に当て、
   濃度が出るまで冷やす。
   容器に流し入れ、冷凍庫で固める。

材料（ドリンク1杯分）
ミルクティー ･･････････････ 160g
タピオカ ･･････････････････ 80g
杏仁豆腐（冷凍） ･･････････ 90g

Cold
1. グラスにタピオカと、氷（分量外）
   を入れる。ミルクティーを注ぐ。
2. かき氷マシンに杏仁豆腐を入れ、
   1の上に削る。

BASE

紅茶

Cold

BASE

ジャスミン茶

Cold

パッションマンゴー ジャスミン

フローラルの香りに、濃厚な甘みのあるマンゴーと
エキゾチックな香りのパッションを合わせる。
フローラルな香りのジャスミンティーに。

材料（アイスジャスミンティー）
ジャスミン茶（茶葉）………40g
お湯………………………630g
氷………………………220g
水………………………200g

1. ジャスミン茶の茶葉を入れ、
   沸騰したお湯を勢いよく注ぎ、
   蓋をして3分蒸らす。
2. 氷と水を入れ、氷が溶けたら
   茶こしでこす。

材料（ドリンク1杯分）
ジャスミンティー………120g
マンゴー………………40g
パッションフルーツ………1個

Cold
1. ブレンダーにジャスミンティーと、
   マンゴーを入れ撹拌し、グラスに注ぐ。
2. パッションフルーツを半分に
   カットし、中身を上からかける。

Part 2 ｜ お茶のソフトドリンク

069

メロングリーンティー

甘みの強い赤メロンを冷凍し、氷がわりに使用。
清涼感のある煎茶を飲みながら、
メロンを味わうフルーツインドリンク。

BASE

緑茶

Cold

材料（アイス煎茶）
煎茶（茶葉）‥‥‥‥‥‥‥40g
お湯‥‥‥‥‥‥‥‥‥‥‥630g
氷‥‥‥‥‥‥‥‥‥‥‥‥220g
水‥‥‥‥‥‥‥‥‥‥‥‥200g

1. 煎茶の茶葉を入れ沸騰した
　お湯を注ぎ、蓋をして
　1分間蒸らす。
2. 氷と水を入れ、氷が溶けたら
　茶こしでこす。

材料（ドリンク1杯分）
赤メロン（冷凍）‥‥‥‥‥50g
アイス煎茶‥‥‥‥‥‥‥150g

Cold
1. 赤メロンを1cm角にカットする。
2. グラスに氷（分量外）と**1**を
　交互に入れ、アイス煎茶を注ぐ。

材料（アイスウーロン茶）

ウーロン茶（茶葉）	40g
お湯	630g
氷	220g
水	200g

1. ウーロン茶の茶葉を入れ沸騰したお湯を注ぎ、蓋をして3分間蒸らす。
2. 氷と水を入れ、氷が溶けたら茶こしでこす。

材料（バニラフォーム）

生クリーム（35〜36％）	400g
グラニュー糖	36g
バニラエッセンス	2g

1. ボトルに生クリームと、グラニュー糖、バニラエッセンスを入れ、ヘッドを閉める。
2. ガスボンベのバルブを開け、ガスジョイントを注入口に押し込み、充填する。
3. ガスの止まった音がしたらガスジョイントを外し、バルブを閉める。

材料（ドリンク1杯分）

ウーロン茶	150g
バニラフォーム	40g
ピスタチオ	5g
アーモンド	5g

Cold

1. グラスに氷（分量外）を入れ、ウーロン茶を注ぐ。
2. バニラフォームを絞る。
3. 砕いたピスタチオ、アーモンドをふりかける。

BASE

ウーロン茶

Cold

ナッツバニラ
ウーロン

濃厚なホイップと、
食感をプラスするナッツのコンビ。
香ばしいナッツを食べながら、
良質なお茶も飲めるスイーツドリンク。

Part 2 ｜ お茶のソフトドリンク

カスタード
ラプサンスーチョン

燻製のような香りが特徴のラプサンスーチョンと、
相性の良いカスタードを合わせた一杯。
カスタードを焦がすことで、さらにコクが深まる。

材料（ラプサンスーチョン）
ラプサンスーチョン（茶葉）……40g
お湯…………………………630g
氷……………………………220g
水……………………………200g

Hot
1. ラプサンスーチョンの茶葉を入れ、
   沸騰したお湯を勢いよく注ぎ、
   蓋をして3分蒸らす。

Cold
1. ラプサンスーチョンの茶葉を入れ、
   沸騰したお湯を勢いよく注ぎ、
   蓋をして3分蒸らす。
2. 氷と水を入れ、氷が溶けたら茶こしでこす。

材料（カスタードフォーム）
生クリーム
（乳脂肪35〜36%）………350g
牛乳…………………………50g
卵黄…………………………3個
グラニュー糖………………36g
エスプーマ粉………………2g
バニラエッセンス…………2g

1. 材料をすべてエスプーマのボトルに入れ、
   ヘッドを閉める。
2. ガスボンベのバルブを開け、
   ガスジョイントを注入口に押し込み
   充填する。ガスの音が止まったら
   ガスジョイントを外し、バルブを閉める。

材料（ドリンク1杯分）
ラプサンスーチョン………………200g
カスタードフォーム………………40g

Hot
1. カップにラプサンスーチョンを注ぐ。
2. カスタードフォームのボトルを上下にふり、
   レバーを手前に引きながら1の上に絞る。
3. バーナーで焦がす。

Cold
1. グラスに氷（分量外）を入れ、
   ラプサンスーチョンを注ぐ。
2. カスタードフォームのボトルを上下にふり、
   レバーを手前に引きながら1の上に絞る。
3. バーナーで焦がす。

BASE

紅茶

Hot & Cold

バーナーはドリンクに対して垂直に
あてる。

Part 3

Fruit Spice Soft Drink

フルーツ・スパイスの ソフトドリンク

フルーツやスパイスを使ったドリンクの、
レパートリーを増やします。
メニュー提案の幅を広げましょう。

お店ごとの最適な ソフトドリンクを考える

ソフトドリンクは、あくまでも食事の補助をする存在です。
メインを理解することは、
補助の役目を果たすソフトドリンクをより理解することになります。

食事とTPOに 合わせたドリンク

食事することは少なからず、ストレスを感じるものです。コーヒーやお茶のカフェインでストレスを緩和することができるため、食後に提供することで最後にリラックスでき、より満足感を与える効果が期待できます。特にコーヒーの香りは、食事をしたあとも心地良い気持ちにさせることができるため、食後には欠かせない重要な役割を果たしています。もし、美味しくないコーヒーを提供してしまったら、ストレスの緩和はおろか食事の良い印象までも悪くしてしまいます。さらにコーヒーを飲んだことを後悔したタイミングで、支払いになるのもマイナスイメージにつながります。

コーヒーの美味しさは豆と、食事との相性でセレクトすることが重要です。食事はあっさり、濃厚、甘めなどある程度の傾向があり、本来は季節で料理の味わいが変わりますので、食事の味の変動に合わせて、コーヒー豆も変えていく必要があります。そのほか店の立地や、客層によってもメニューを工夫しましょう。待ち合わせや、打ち合わせスペースとしての利用、会話や空間を楽しむなどといった顧客のニーズを理解し、来店時のTPOを意識することで、ドリンクの味、見栄え、量、金額などを決めることができます。

同じ地域でも店のスタイルや、通り沿い、路地裏、2階の店舗などの立地によって来客の求めるものは変わります。客観的に見ることで、ドリンクの補助としての存在を、活かしやすくなります。客の気持ちを理解することで、より満足度の高いドリンクを提供できるようにしましょう。

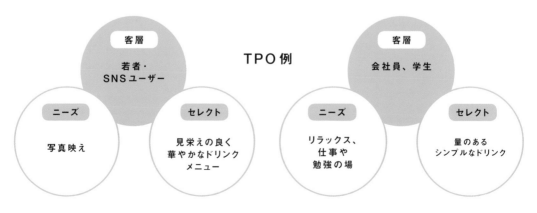

レストランのドリンク選び

世界のTOPレストランでは、フルコースの料理の1品ごとにアルコールドリンクか、ノンアルコールドリンクを選べる店が増えています。日本のレストランでも増えてはいますが、たとえばイタリアンならイタリアワインしか使わない、フレンチならフランス産など地域のものしか提供しないなど、偏ったものが多い傾向です。一方、世界のレストランでは食事のジャンルを問わずに、マリアージュ（組み合わせ）されたドリンクを提供しています。なぜなら食事をメインと考えるため、ドリンクは食事の補助として1番相性の良いものをセレクトしているからです。世界のレストランと日本のレストランの違いは、日本では料理もドリンクも別々で完成させているのに対し、世界では料理にそのドリンクを合わせることで完成するものが多いことです。

そのまま食べても美味しい料理に、相性の良いドリンクが合わさることで、より感動が生まれます。そのためには、シェフとドリンクの作り手が、お互いを理解し、食事全体をより高めるマリアージュを目指すことが重要です。

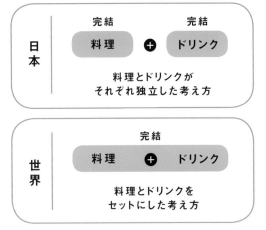

パティスリーの
ドリンクの考え方

パティスリー業界では近年、カフェやイートイン併設が増えてきています。自分たちが作る最高のケーキに、いちばん相性の良いドリンクを合わせて、最大限に楽しんで欲しいという気持ちの表れでしょう。しかし、ドリンク文化が発展途上の日本では、現状コーヒーや紅茶にこだわる店舗しかありません。食べ物の美味しさを、最大に引き出すのがソフトドリンクであり、スイーツを提供す

る店がマリアージュさせたドリンクであれば、店でしか味わえない楽しみとなり、集客にもつながります。コーヒー紅茶だけにこだわらず、いちばんマッチするソフトドリンクを柔軟に選ぶことが大切です。ソフトドリンク自体はメインの食べ物を補助する存在ですが、ドリンクがない状態では、メインをより美味しく味わうことができないほど、大事な存在なのです。

＼ 集客アップ！ ／

スイーツ ＋ ドリンク ＝ より美味しい

フードペアリングにおける「味」と「香り」の考え方

食べ物の香りや味と相性の良い飲み物を選ぶことで、食事をより美味しく
楽しい時間にする効果があります。「甘味」、「塩味」、「酸味」、「苦味」、「旨味」の
五味を理解し、最適な組み合わせを選択しましょう。

フードペアリングの基本

フードとドリンクは組み合わせの相性次第で、美味しさは重層的に広がります。シンプルな組み合わせから意外な組み合わせまで、フードとドリンクのペアリングの可能性は無限大に存在します。フードとドリンクを口にしたときに感じる印象には、味と香り、濃度や質感、余韻など、いくつもの要素が含まれています。共通点や、活かしたい要素を考え合わせてみましょう。そしてフードとドリンクの量のバランスまで考えることで、最後まで食事を楽しむことができるのです。

フードペアリングとは、相性の良い食材を香りで組み合わせ、味覚や量を考えバランスをとることです。

香り

食べ物や飲み物は、香りを認識することで判別しています。たとえば嫌いなものを食べるとき、鼻をつまんで食べれば味が気になりません。それは、食べ物の匂いを認識しないためです。

日本人は味覚の文化のため、食べ物を食べたときに「甘い」、「苦い」など味覚で表現することが多くあります。そのためフルーツは糖度が高く甘いものを評価されます。しかし人工的に作られたフルーツは香りが弱く、自然に近い環境で育てられたものは香りが強くなります。

味は足すことができますが、香りは足すことができません。美味しいは香りで決まることを、意識することが重要です。

香りの組み合わせは、2つの考え方があります。ひとつは香りが共通する食材と飲み物を組み合わせることでお互いを引き立て合う相乗効果を得て、新しい美味しさを発見することができるMULTIPLY。もうひとつはメインのフードに足りない香りを持つ飲み物を組み合わせることで、メインの食べ物の旨味を高めるPLUSです。フードペアリングの仕組みは、食材の香りを分析することから始まります。香りを見極めたら、そのほかの何百種類もの食材や飲み物と比較し、香りが共通するものや引き立て合う香りを検討しましょう。

香りを引き立てる2つの手法

×MULTIPLY×
マルティプライ

似た者同士を合わせた
相乗効果

［例］

レモンケーキ ＋ レモン ＋ レモンフレーバーコーヒー

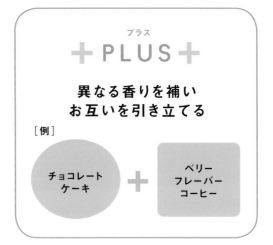

＋PLUS＋
プラス

異なる香りを補い
お互いを引き立てる

［例］

チョコレートケーキ ＋ ベリーフレーバーコーヒー

五味

味覚で感じる甘味、塩味（辛味）、苦み、酸味、旨味のバランスをとることで、さらに美味しく感じやすくなります。五味のなかで対局に位置する味は、互いの味の強い特徴を和らげます。たとえば苦みが強いブラックコーヒーに、甘さのあるミルクを足してマイルドな味わいに、カカオ100%の苦味の強いチョコレートに、甘さを足すことでマイルドになる現象などのことです。そのほか、メインの味の隣に位置する味（右図参照）を少しプラスすることで、メインの味を引き立てる効果が得られます。塩キャラメルは、キャラメル（甘味、苦味）に塩味を少し足すことで、苦味がマイルドになりより甘く感じさせています。スイカ（甘味、酸味）に塩（塩味）を少しふると、酸と甘さが強く感じるのも、同じ効果です。

また、甘味の強いケーキは苦みの強いコーヒーと合わせることで食べやすくなるように、味の相乗効果は食事全体を通して得られるものです。もし、甘いイチゴのショートケーキに、イチゴミルクなどのさらに甘いドリンクを合わせてしまうと、甘さの強いもの同士がぶつかってしまい、味わいにくくなります。香り、味覚の相性のほかに、合わせる量も意識しましょう。香りや味覚の組み合わせでバランスをとっても、大きめのシフォンケーキに少量のエスプレッソでは、バランス良く食すことは難しいでしょう。相性が良く、なおかつ食べ終わるまで楽しめる量のドリンクを考えることで、バランスのとれた組み合わせになります。

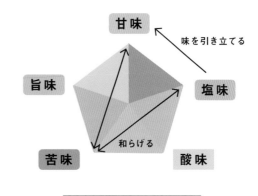

互いの味を和らげ、
かつ引き立たせるバランス

白ブドウレモネード

甘さのある白ブドウジュースに、
レモン果汁がスッキリとした後味に。
果肉を潰しながら、一緒に飲むのがオススメ。

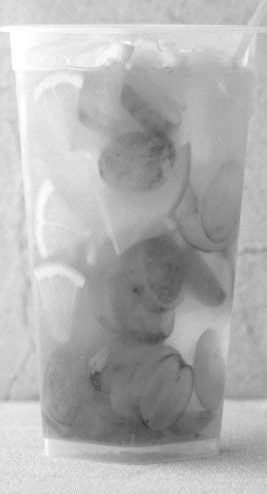

材料（ドリンク1杯分）
レモンスライス ················· 5枚
白ブドウ ················· 5粒
白ブドウジュース ··········· 150g
レモンピューレ ··········· 30g
クラッシュアイス ············· 適量

Cold
1. レモンスライスを6等分、
   白ブドウを縦にスライスする。
2. グラスにクラッシュアイスと、
   1を交互に入れ、
   レモンピューレ、
   白ブドウジュースを注ぐ。

BASE

フルーツ

Cold

ドライフルーツソーダ

好みのドライフルーツを自由に組み合わせて、
オリジナルのドリンクに。
時間の経過で染み出てくる、
フルーツの味の変化を楽しんで。

材料（ドリンク1杯分）
リンゴ（ドライ）……………適量
ブルーベリー（ドライ）……適量
イチゴ（ドライ）……………適量
オレンジ（ドライ）…………適量
スターフルーツ………………適量
トニックウォーター…………適量

Cold
1.グラスにドライフルーツを入れる。
2.トニックウォーターを注ぐ。

BASE

フルーツ

Cold

Part 3　フルーツ・スパイスのソフトドリンク

材料（ドリンク1杯分）
ミントリーフ（フレッシュ）·20枚
グラニュー糖·················5g
キウイ·····················1個
強炭酸····················100g

Cold
1. 容器にミントリーフとグラニュー糖を入れ、
   ペストルですり潰す。皮をむいたキウイを入れ、
   さらに潰す。
2. グラスに**1**と氷（分量外）を入れ、強炭酸を注ぐ。

キウイミントソーダ

キウイとミント、グラニュー糖を合わせて
ペストルですり潰すことで、
キウイ果肉たっぷりのモヒート風ドリンクの完成。

BASE

フルーツ

Cold

トリュフチャイ

濃厚なチャイに、香り高いトリュフをふんだんに
振りかけたスペシャルドリンク。
スパイスとトリュフが引き立て合う、香りを堪能して。

BASE
スパイス＆ハーブ

Hot

材料（ドリンク1杯分）

生姜	10g
赤唐辛子（ホール）	1本
カルダモン（ホール）	6粒
シナモン（ホール）	6g
黒胡椒（ホール）	10粒
クローブ（ホール）	6粒
スターアニス	2個
水	200g
ウバ（茶葉）	20g
牛乳	200g
黒トリュフ	適量

Hot

1. 生姜を1mmの厚さにスライスし、
   赤唐辛子の種を取る。
2. カルダモンを割り、
   シナモンを細かく砕く。
3. 鍋に1と2、黒胡椒、
   クローブ、スターアニスを
   割り入れる。水を入れ、
   中火で沸騰させてから、
   ウバの茶葉を入れ3分煮出す。
4. 牛乳を入れ、
   沸騰直前まで温める。
5. カップに注ぎ、黒トリュフを
   削りかける。

Point

カルダモンは割りにくい場合、包丁
で半分に切る。

スターアニスや、シナモン、クロー
ブは手で割る。スパイスは細かくす
ることで、より風味が増す。

茶葉を入れる前にスパイスを煮るこ
とで、しっかり香りが出る。

レモンジンジャー
スパークリング

自家製のジンジャーシロップと、
皮付き生姜をたっぷり使用。スパイシーなシロップに、
レモンの酸味のバランスが爽やか。

材料（ジンジャーシロップ）
生姜（皮付き）────── 800g
三温糖 ──────────── 800g
水 ────────────── 1000g
唐辛子 ──────────── 2〜3本
ブラックペッパー ────── 20粒

1. 生姜を洗い水分を拭き取り、
   皮ごと2mmにスライスする。
2. 唐辛子の種を取る。
3. 鍋に1と三温糖をまぶし、
   水分が出てくるまで
   30分程おく。
4. 水と、唐辛子、
   ブラックペッパーを加え
   中火にかけ、沸騰したら
   弱火にする。アクを取りながら
   40〜50分程煮る。
5. 冷めたら瓶などの保存容器に注ぐ。

材料（ドリンク1杯分）
レモンスライス ──────── 8枚
生姜スライス（ジンジャーシロップ）
─────────────── 5〜6枚
ジンジャーシロップ ────── 50g
レモンピューレ ──────── 20g
強炭酸 ──────────── 100g

Cold
1. グラスにレモンスライスと、
   氷（分量外）、生姜スライスを入れる。
2. 1にジンジャーシロップ、
   レモンピューレ、強炭酸を注ぐ。

BASE

フルーツ

Cold

BASE

フルーツ

Cold

材料（ドリンク1杯分）
イチゴ······························4粒
ノンアルコール
白ワイン·······················60g

Cold
1. イチゴを角切りにし、
　　グラスに入れる。
2. ノンアルコール白ワインを注ぎ、
　　軽く混ぜる。

イチゴワイン

角切りのイチゴをふんだんに入れて、
食べながら味わう一杯。

Part 3 ｜ フルーツ・スパイスのソフトドリンク

BASE

スパイス＆ハーブ

Cold

自家製コーラ

スパイス感をアップさせたコーラ。
香り高く、甘さを控えた清涼感を楽しんで。

材料（コーラベース）

オレンジ	1個
レモン	2個
カルダモン（ホール）	30粒
シナモンカッシャ	3本
バニラビーンズ	1/2本
水	400g
三温糖	300g
カラメルシロップ	100g
クローブ（ホール）	30粒
エスプレッソリストレット	2滴

1. オレンジとレモンは皮をむき、
   スロージューサーで絞る。
   皮は細切りにする。
2. カルダモンを割り、シナモンカッシャを
   細かく砕く。バニラビーンズは
   縦に半分にカットしておく。
3. 鍋に水とクローブ、**1**の皮、**2**を入れて
   中火にかけ、沸騰したら弱めの中火で
   約10分煮る。
4. **2**に三温糖、カラメルシロップをいれ、
   溶けるまで軽く煮る。
5. 火を止め、粗熱がとれたら**1**のレモン汁と、
   オレンジ汁、エスプレッソリストレットを
   加え、1日程度おく。
6. さらしでこす。

材料（ドリンク1杯分）

コーラベース	60g
レモンピューレ	5g
強炭酸	適量
飾り用レモンスライス	適量

Cold
1. グラスに氷（分量外）を入れ、
   コーラベース、レモンピューレ、
   強炭酸を注ぎ、軽く混ぜる。
2. **1**にレモンスライスを飾る。

Point

さらしでこした後、コー
ヒーフィルターなどでこす
と、さらに細かなカスを除
ける。

自家製
ジンジャーエール

スロージューサーで絞った生姜を使用した香り、
苦味の強い大人のジンジャーエール。
体が温まる一杯。

BASE

スパイス＆ハーブ

Cold

材料（ジンジャーシロップ）

生姜（皮付き）‥‥‥‥‥‥‥500g
三温糖‥‥‥‥‥‥‥‥‥‥‥250g
唐辛子‥‥‥‥‥‥‥‥‥‥‥2本
ブラックペッパー‥‥‥‥‥‥2g
レモンピール‥‥‥‥‥‥‥‥10g
水‥‥‥‥‥‥‥‥‥‥‥‥‥500g

1. 生姜を洗い、水分を拭き取り
　皮ごとカットする。
2. 1をスロージューサーで絞る。
3. 鍋に2と絞りカス、三温糖、唐辛子、
　ブラックペッパー、レモンピール、
　水を入れ、沸騰直前まで温め、
　さらしでこす。

材料（ドリンク1杯分）

ライムスライス‥‥‥‥‥‥‥3枚
ジンジャーシロップ‥‥‥‥‥60g
強炭酸‥‥‥‥‥‥‥‥‥‥‥適量

Cold

1. グラスにライムスライスを貼り付け、
　氷（分量外）を敷き詰める。
2. 1にジンジャーシロップを注ぎ、
　氷に当てながら
　ゆっくり強炭酸を注ぐ。

Point

生姜は皮ごとスロージューサーで絞り、しっかりエキスを抽出する。

沸騰させてしまわないように、注意する。

自家製 トニックウォーター

柑橘類やスパイスの香りと、
タイムの清涼感を感じるトニックウォーター。

材料（トニックベース）

オレンジ	1/2個
レモン	1個
ライム	2個
レモングラス（ホール）	5本
カルダモン（ホール）	10粒
水	1000g
オールスパイス（ホール）	10粒
ピンクソルト	2g
アガベシロップ	180g

1. オレンジと、レモン、ライムの
   皮を剥き細かく刻む。
   レモングラスを細かく刻む。
2. 1の実は、スロージューサーで絞る。
3. カルダモンを割り、レモングラスは
   2cmにカットする。
4. 鍋に水と、1、3、オールスパイスを入れ、
   加熱。沸騰したら弱火にし、
   20分程煮込む。
5. 2と、ピンクソルト、アガベシロップを
   入れ馴染ませ、常温になったら
   さらしでこす。

材料（ドリンク1杯分）

トニックベース	60g
強炭酸	適量
タイム	適量

Cold
1. グラスに氷（分量外）を入れ、
   トニックベース、強炭酸を順に注ぐ。
2. タイムを飾る。

BASE

スパイス＆ハーブ

Cold

材料（ドリンク1杯分）
カベルネ・ソーヴィニヨン……100g
エスプレッソリストレット………1滴

Cold
1. カベルネ・ソーヴィニヨンを
   スロージューサーで絞る。
2. グラスに注ぎ、
   エスプレッソリストレットを1滴垂らす。

Point

粒の細かい実は詰まりやすいため、専用の棒で攪拌しながら絞る。

BASE

フルーツ

Cold

カベルネ ソーヴィニョン ジュース

ワイン用ブドウの品種をスロージューサーで絞り、
芳醇な風味をそのままジュースに。
エスプレッソを1滴垂らすことで、
本物のワインのような味わい深さを演出。

Part 3　フルーツ・スパイスのソフトドリンク

材料（ココアクリーム）

ココア ·······················100g
牛乳 ···························100g

1. 容器にココアと牛乳を
入れ、練り合わせる。

材料（ドリンク1杯分）

ココアクリーム ···········60g
牛乳 ·······························120g
ココアパウダー ············適量

Hot
1. カップにココアクリームを注ぐ。
2. 牛乳をスチームし、
フォームミルクを作る。
2 に注ぎ、ココアパウダーをふる。

ビターココア

ノンシュガーのココアドリンク。
ココアの香りとミルクの甘みが引き立ち、
甘いスイーツとの相性も抜群。

BASE

スパイス＆ハーブ

Hot & Cold

材料（ドリンク1杯分）
パッションフルーツ…………50g
レモンピューレ……………20g
強炭酸………………………適量
ハーブ
（ローズマリー、タイム等）適量

Cold
1. パッションフルーツ、
　　レモンピューレをグラスに入れる。
2. 氷（分量外）を入れ、強炭酸を注ぐ。
　　ハーブを飾る。

パッション
レモネード

定番のレモネードも
フレッシュのパッションフルーツと
ハーブを使うことで、
香りまで楽しめる一杯に。
食事との相性も◎。

BASE

フルーツ

Cold

Part 3 ｜ フルーツ・スパイスのソフトドリンク

BASE

牛乳

Cold

材料（ラムレーズン）
レーズン······················100g
ラム酒······················100g

1. レーズンを湯通し、
　　油分を落として水分を切る。
2. レーズンが乾いたら、
　　容器にレーズンとラム酒
　　を入れ一晩おく。

材料（ドリンク1杯分）
ラムレーズン··················20g
はちみつ····················20g
牛乳························100g
フォームドミルク（泡）······適量
シナモンパウダー············適量

Hot
1. グラスにラムレーズンとはちみつ、
　　氷（分量外）を入れ、牛乳を注ぐ。
2. フォームドミルクの泡をのせ、
　　シナモンパウダーを振る。

ラムレーズン
ミルク

ラムレーズンとマッチしやすい牛乳を合わせて、
大人のためのミルクベースドリンク。

ほうじ茶
カラメルミルクティー

ほうじ茶とカラメルの香ばしさが、
ミルクに深みをプラスしてくれる。
たっぷりのホイップを混ぜれば、濃厚さもアップ。

BASE

ほうじ茶

Cold

材料（アイスほうじ茶）
ほうじ茶（茶葉）‥‥‥‥‥40g
お湯‥‥‥‥‥‥‥‥‥‥‥630g
氷‥‥‥‥‥‥‥‥‥‥‥‥220g
水‥‥‥‥‥‥‥‥‥‥‥‥200g

1. ほうじ茶の茶葉を入れ、
   沸騰したお湯を勢いよく注ぎ、
   蓋をして3分蒸らす。
2. 1に氷と水を入れ、
   氷が溶けたら茶こしでこす。

材料（ドリンク1杯分）
カラメルソース‥‥‥‥‥‥40g
アイスほうじ茶‥‥‥‥‥‥130g
ホイップクリーム‥‥‥‥‥30g

Cold
1. グラスにカラメルソースと、
   氷（分量外）を入れる。
   アイスほうじ茶を注ぐ。
2. ホイップクリームを絞る。

Part 3 ── フルーツ・スパイスのソフトドリンク

091

材料（ドリンク1杯分）
アールグレイ（茶葉）······1.5g
お湯······100g
茉莉花茶（茶葉）······1.5g
お湯（85℃）······100g

Hot
1. 茶器 2個とカップに
   お湯（分量外）を注ぎ、温める。
2. 茶器のお湯を捨てる。
   アールグレイの茶葉を入れ、
   沸騰したお湯を勢いよく注ぎ、
   蓋をして3分蒸らす。
3. 茶器のお湯を捨てる。
   茉莉花茶の茶を入れ、
   85℃のお湯を勢いよく注ぎ、
   蓋をして3分蒸らす。
4. カップに 2 と 3 を注ぐ。

ジャスミン
アールグレイ

柑橘の紅茶と、フローラルなジャスミンティーで
香りを複雑化してみて。

BASE

紅茶

Hot

材料（柚子マーマレード）
柚子（皮）・・・・・・・・・・・・適量
柚子（果汁）・・・・・・・・・・・300g
グラニュー糖・・・・・・・・・・・300g

1. 鍋に細切りにした柚子の皮と
　　果汁、グラニュー糖を入れ
　　火にかけ、グラニュー糖を溶かす。

材料（ドリンク1杯分）
柚子マーマレード・・・・・・・・30g
ドリップコーヒー・・・・・・・・150g

Hot
1. カップに柚子マーマレード、
　　ドリップコーヒーの順に注ぐ。

柚子マーマレード
コーヒー

いつものドリップコーヒーにマーマレードを入れることで、
甘さと香りのハーモニーが生まれる。

BASE

コーヒー

Cold

材料（ドリンク1杯分）

牛乳 ──────────── 90g
玉露（茶葉）─────── 6g
お湯（60℃）─────── 100g
ミントリーフ（フレッシュ）… 5枝

Hot

1. 鍋に牛乳を入れ、
   60℃まで温める。
2. 茶器に玉露の茶葉を入れ、
   60℃のお湯を注ぎ、
   蓋をして2分蒸らす。
3. カップに**1**と**2**を注ぎ、
   ミントリーフを飾る。

ミント
ミルクティー

玉露とミントのミルクティーは、
淡いグリーンの優しい色。
軽くスッキリした後味が飲みやすい。

BASE

緑茶

Hot

材料（ドリンク1杯分）
クラッシュアイス……………適量
ココナッツミルク……………110g
エスプレッソ……………………50g
ホイップクリーム………………30g
ココナッツファイン……………適量

Cold
1. グラスにクラッシュアイスを入れ、
　ココナッツミルクと、
　エスプレッソを順に注ぐ。
2. ホイップクリームを絞り、
　ココナッツファインをふりかける。

ココナッツ
カフェラテ

ココナッツミルクと、ココナッツファインで
カフェラテも香ばしく、コクも楽しめる。

Part 3 ｜ ソフトドリンク

BASE

コーヒー

Cold

ハニー
ラプサンスーチョン

香燻のするラプサンスーチョンと、相性の良いはちみつをチョイス。
ハニーコムを合わせることで、高級感が増す。

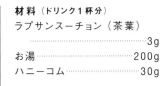
材料（ドリンク1杯分）
ラプサンスーチョン（茶葉）
　　　　　　　　　　　　3g
お湯　　　　　　　　　200g
ハニーコム　　　　　　30g

Hot
1.茶器とカップにお湯（分量外）を注ぎ、温める。
2.茶器のお湯を捨てる。
　ラプサンスーチョンの茶葉を入れ、
　沸騰したお湯を勢いよく注ぎ、蓋をして3分蒸らす。
3.カップに注ぎ、ハニーコムを飾る。

ホットアップル
ジンジャー

すりおろしリンゴジュースを生姜と温めることで、体もポカポカに。
シナモンをプラスして、アップルパイのような風味に仕上げて。

BASE

フルーツ

Hot

材料（ドリンク1杯分）
すりおろしリンゴ ·············· 1/4 個
リンゴジュース ·············· 160g
生姜（汁） ·············· 20g
シナモン ·············· 1本

Hot
1. 鍋にすりおろしリンゴと、リンゴジュース、生姜汁、シナモンを入れ煮る。
2. **1**をカップに注ぐ。

Part 3 ｜ フルーツ・スパイスのソフトドリンク

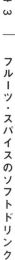

097

ゴールドキウイ＆
グリーンキウイ
スムージー

2色のキウイのコントラストが美しい、
フローズンドリンク。

材料（ゴールドキウイスムージー）

ゴールドキウイ	1個
マンゴーピューレ	15g
グラニュー糖	5g
水	50g
クラッシュアイス	100g

1. ブレンダーに皮をむいた
　　ゴールドキウイとマンゴーピューレ、
　　グラニュー糖、水、
　　クラッシュアイスを入れ、攪拌する。

材料（グリーンキウイスムージー）

グリーンキウイ	1/2個
ブルーキュラソーシロップ	5g
水	50g
レモンピューレ	5g
グラニュー糖	5g
クラッシュアイス	100g

1. ブレンダーに皮をむいた
　　グリーンキウイとブルーキュラソー
　　シロップ、水、レモンピューレ、
　　グラニュー糖、クラッシュアイスを
　　入れ、攪拌する。

材料（ドリンク1杯分）

ゴールドキウイスムージー	
グリーンキウイスムージー	
グリーンキウイ	1/2個

Cold

1. グラスにゴールドキウイスムージ
　　を注ぐ。

2. さらにグリーンキウイスムージー
　　を注ぐ。

3. グリーンキウイをスライスし、
　　2に飾る。

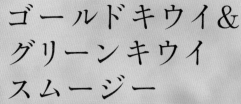

BASE

フルーツ

Cold

BASE

フルーツ

Cold

ストロベリー
スカッシュ

イチゴを贅沢に使った、真っ赤なスカッシュ。
ピューレと2層に仕上げ、
パフェのような見た目に。

材料（ドリンク1杯分）
イチゴピューレ（加糖）……50g
クラッシュアイス……………適量
強炭酸……………………………70g
イチゴ………………………………6個

Cold
1. グラスにイチゴピューレを入れ、
   クラッシュアイスを入れる。
2. 強炭酸を注ぎ、
   半分にカットしたイチゴを上に盛る。

Part 3 ── フルーツ・スパイスのソフトドリンク

スパイスティー

スパイスとオレンジピールの紅茶は、
甘さをつけないことでよりオレンジの
フレッシュな香りを楽しめる。

材料（ドリンク1杯分）

カルダモン	6粒
シナモン	1本
クローブ	8粒
水	200g
アッサム	3g
スターアニス	1個
オレンジピール	約5cm

Hot

1. カルダモンに切込みを入れる。
   シナモンは2〜3等分に割る。
2. 鍋に**1**と、クローブ、水を入れて香りを出す。
   アッサムの茶葉を加えて2分蒸らし、
   さらしでこしながらカップに注ぐ。
3. スターアニスと、オレンジピールを入れる。

BASE

紅茶

Cold

クリームソーダ

はちみつレモン味のクリームソーダには、
アイスクリームにドライレモンを
トッピングして見栄えも良く。

材料（ドリンク1杯分）

レモンピューレ	25g
トニックウォーター	100g
バニラアイス	適量
はちみつ	20g
レモン（ドライ）	1枚

Cold

1. グラスにレモンピューレを入れ、
   トニックウォーターを注ぐ。
2. 氷（分量外）を入れ、バニラアイスをのせる。
3. バニラアイスにはちみつをかけ、
   レモンを飾る。

BASE

フルーツ

Cold

白桃ミルクセーキ

ミルクセーキに白桃を入れて、
フルーティーで濃厚な味わい。

□ Restaurant　☑ Cafe　☑ Patisserie
☑ Fruit parlor　□ Izakaya　□ Bar

材料（ドリンク1杯分）
白桃（缶詰）……………1個
卵 ……………………1個
牛乳 ………………120g
バニラエッセンス ………少々
白桃缶シロップ …………40g

Cold
1. ブレンダーに白桃と、卵、牛乳、
   バニラエッセンス、白桃缶シロップを入れ、
   撹拌する。
2. グラスに氷（分量外）を入れ、**1**を注ぐ。

BASE
フルーツ

Cold

ピニャコラーダ風

カクテルのピニャコラーダを、ココナッツチップの
食感が楽しいトロピカルソフトドリンクに仕立てて。

☑ Restaurant　☑ Cafe　□ Patisserie
□ Fruit parlor　□ Izakaya　☑ Bar

材料（ドリンク1杯分）
ココナッツミルク……………100g
パイン ………………1/8個分
クラッシュアイス …………適量
ココナッツチップ ……………適量

Cold
1. ブレンダーにココナッツミルク、
   パインを入れ、撹拌する。
2. グラスにクラッシュアイスを入れ、**1**を注ぐ。
   ココナッツチップを飾る。

BASE
フルーツ

Cold

☐ Restaurant ☑ Cafe ☑ Patisserie
☐ Fruit parlor ☐ Izakaya ☐ Bar

マンゴーアセロラ

濃厚なマンゴーの冷凍を氷がわりに使用し、
酸味の強いアセロラとの絶妙な
バランスを完成させる。

材料（ドリンク1杯分）
マンゴー（冷凍）................120g
アセロラドリンク................120g

Cold
1. グラスにマンゴーを入れ、
　　上からアセロラドリンクを注ぐ。

BASE

フルーツ

Cold

☐ Restaurant ☑ Cafe ☐ Patisserie
☑ Fruit parlor ☐ Izakaya ☑ Bar

フローズンピンクライチ

ライチと、苦味の少ない
ピンクグレープフルーツは相性抜群。
夏にさっぱりと楽しめるフローズンドリンク。

材料（ドリンク1杯分）
ピンクグレープフルーツ
ピューレ 90g
ライチピューレ................90g
クラッシュアイス................150g
グレナデンピューレ................10g

Cold
1. ブレンダーにすべての材料を入れ
　　撹拌し、グラスに注ぐ。

BASE

フルーツ

Cold

Part 4

Mocktail

モクテル

モクテル作りの基本である「ビルド」、「シェーク」、
「ステア」、「ブレンダー」の違いを解説します。
素材に合わせた方法を選びましょう。

居酒屋のノンアルコールドリンク モクテルとは

現在、日本ではお酒離れが進み、アルコール主体の店では
売上を出しにくくなっています。カクテルのようなソフトドリンクをモクテルといい、
バーやレストランで提供されることが増え、少しずつ浸透してきています。

ノンアルカクテルの 新しい名称

「モクテル」とは、「真似た」という意味の「mock」と、アルコールドリンクの「cocktail」を組み合わせた造語です。ノンアルコールカクテルの新しい呼び方となりつつあります。

カフェやレストラン、バーなどで少しずつ浸透して、東京では一切アルコールメニューのないモクテルバーなどもオープンしています。日本は特にお酒を飲まない、又は飲めない人が多くなっています。「食事をより良くするために飲み物にこだわりたい」、「会話しながら飲み物を楽しみたい」など、ノンアルコールドリンクの需要は多くあります。しかし、現状はバーのメニューで使われることが多く、バーに行く機会のない人には呼び方が浸透していません。どこのお店でもモクテルがメニューに並ぶようになるまでは、もう少し時間がかかりそうです。

海外でも ノンアルが定番に

ノンアルコールドリンクの需要が増えたことで、日本でノンアルコールを提供することが少しずつ増えています。それは海外のレストランやバーでもいえることで、平日はノンアルコールDAYや、週末だけお酒を提供という店が増えています。

バーにくる客は「時間」、「空間」、「会話」を楽しみにくる人が多い傾向があります。そのため普通のソフトドリンクよりも、バーテンダーのスキルを活かしたようなドリンクのほうが好まれます。美味しいソフトドリンクを提供するだけではなく、客のTPOやニーズを理解したメニューとしてモクテルを用意できれば、より需要が高まるでしょう。

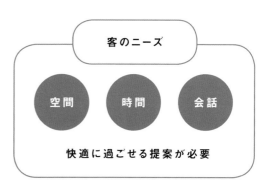

客のニーズ

空間　時間　会話

快適に過ごせる提案が必要

居酒屋のソフトドリンクは食事に合わない

居酒屋業界もバー業界と同様、アルコール離れが進んでいます。お酒を飲まない分、会話する場所として使われることが多くなってきました。

しかし、ソフトドリンクでは食事メニューとの相性が良くありません。なぜなら、居酒屋のお酒は甘みがないものが多いのに対し、ソフトドリンクメニューは必ず甘みが入っているものがほとんどのため、食べ合わせが悪くなっているのです。

なぜ食事と甘みのあるソフトドリンクが合わないのかというと、日本の食事は基本的に甘いからです。日本では甘味のある野菜が好まれるうえ、味付けやソースを作る際は砂糖などの甘味を使用することが多く、甘く仕上げることで美味しく感じるようになっています。

甘いスイーツに苦いコーヒーを合わせるのと同じように、食事で甘さを摂取している状態では甘いドリンクは合いません。それは食後のデザートでもいえることで、甘い食事のあとだからこそ、甘味の少ないさっぱりとしたものが好まれることが多くあります。

ソフトドリンクの需要が増えている昨今、食事との相性を考慮し、会話を楽しみながら飲むのに適した量を提案することが、満足度の向上につなが

ります。

居酒屋といっても日本には四季があり、地域によって味が違ってきます。関東は醤油系、関西だと出汁系の味が主流です。寒い地域は塩分が多く、暑い地域は糖度が高い食事をとる傾向があります。

料理に合わせるのであれば、ドリンクは料理とは真逆のものが好まれます。さっぱりした料理なら濃いドリンクが好まれ、濃い料理ならさっぱりしたドリンクが好まれます。また、酸味のある料理が多ければ、濃く苦いものが好まれます。メインとなる料理の味付けを理解することで、料理に合う美味しいドリンクを提供することが可能になります。

日本は「料理は単体で美味しく、ドリンクも単体で美味しいものを合わせると美味しく味わえる」という考え方です。世界ではメインに対して、ドリンクは支える存在です。料理とのバランスを考えたドリンクは食事に一体感を生み、引き立て合うことで、さらに両方とも美味しくなります。結果、食事に対する違和感がなく、リラックスして自然に会話も弾みます。そしてまた来店しようと思うきっかけにつながります。

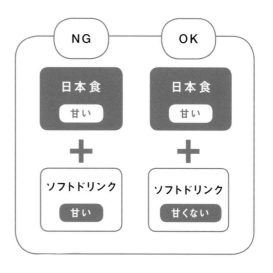

カクテルの手法と
違いについて

カクテルやモクテルは、混ぜる材料の特徴に合わせて
作り方が変わります。美味しく美しく提供するために、
基礎をしっかりおさえておく必要があります。

カクテルの
作り方の違い

カクテルとは、飲みにくいお酒を飲みやすくするために、混ぜ合わせたのが始まりです。昔は原料の品質や製造技術も悪く、お酒自体がそのまま味わうに適していなかったせいだともいわれています。お酒を加える材料によっては、劣化を防ぐための保存手段とも考えられていました。

現在では原料の品質が良くなりストレートでも美味しく飲めるのですが、カクテルにすることでアルコール度数を調整したり、味を変化させ飲みやすくしたり、ベースのお酒を楽しむことができます。ほかに、割材を楽しむ客も増えてきています。どのような環境で、美味しく飲んでいただけるか

がとても重要になります。

大きく分類すると、カクテルの作り方は4つあります。グラスに氷を入れ、混ざりやすい材料を注ぐだけの「ビルドスタイル」、空気を含ませ、まろやかにできる「シェークスタイル」、素材本来の味を楽しんでもらう「ステアスタイル」、フローズンや固形を粉砕し、液体にする「ブレンダー」です。

そのほかビルドスタイルに液体を沈殿させ、グラデーションを作るスタイルやフロートさせるスタイル、シェークスタイル、ビルドスタイルと合わせた作り方などもあります。

ビルド

特別な器具を使わないで、直接グラスで材料を混ぜ合わせて作るカクテルの技法です。ポイントはシロップなど糖度が高く、比重が重いものは液体に混ざりにくいので、しっかりと混ぜ合わせる必要があること。材料ごとの特徴を把握し、数種類の液体がきちんと混ざっていることが、重要になります。

ファジー
ネーブル
P.108

シェーク

シェーカーを使って、材料を混ぜ合わせて作るカクテルです。シェーカーを使うことでしっかり材料が混ざり、ドリンクをより冷やすことができます。空気も一緒に混ざり合うことで口当たりがまろやかになり、材料が混ざりにくいクリーム系のドリンクなどによく使われるスタイルです。氷をなるべく溶かさないために、シェーカーには液体を入れてから最後に氷を入れるようにします。シェークする際に手のひら全体で持つと、体温で氷が溶けてしまうので、注意が必要です。

ステア

必要とされる道具は、ミキシング・グラス、バー・スプーン、ストレーナーです。ストレーナーを使用して、混ぜます。シェークをしなくてもよく混ざる材料や、シェークによって色が濁ってしまう場合などに使われます。ミキシング・グラスに氷と材料を入れ、バー・スプーンで軽くかき混ぜて作り、氷の霜を取りながらグラスを冷やします。ストレーナーで氷が溶けた水をこして捨てて、液体を入れてバー・スプーンで素早く混ぜます。ストレーナーで氷をこしながらグラスに注ぎます。

ブレンダー

材料にクラッシュド・アイスを加え、シャーベット状のフローズン・カクテルや、イチゴやバナナなどをトロトロに溶かし込み、フルーティーな味わいに仕上げる技法です。カップに材料を入れる順序は、本来ならレシピの記載順序に従いますが、ブレンダーの場合はクラッシュド・アイスを先に入れてもかまいません。また、フルーツを使う場合はフルーツを先に入れ、その上にクラッシュド・アイスを入れることで、フルーツの酸化による変色を妨げることができます。混ざり具合を調整しながら、一定の時間回したらスイッチを切り、回転が完全に止まってからカップ部分を外して、フタを取ります。

ギムレット
P.116

シンデレラ
P.113

フローズン
シトラス
P.117

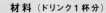

材料（ドリンク1杯分）

モモピューレ	50g
オレンジピューレ	50g
水	50g

Cold
1. モモピューレと、
   オレンジピューレ、水、
   氷（分量外）をグラスに入れ、
   軽く混ぜる。

BASE

フルーツ

Cold

ビルド

ファジーネーブル

グラスに入れてバースプーンで混ぜるだけのカクテル。
曖昧なオレンジという名のカクテルのノンアルコール版。

ビルド

シャンティガフ

炭酸を入れるドリンクは、炭酸が飛ばないように静かに注ぎ、
軽く混ぜ合わせるのがポイント。ノンアルコールビールの
スッキリした苦味に、ジンジャーの香りが心地よいカクテル。

BASE

フルーツ

Cold

材料（ドリンク1杯分）
ノンアルコールビール ········· 適量
ジンジャーシロップ ············· 60g
ライム（カット）··········· 1/8切れ

Cold
1. グラスにノンアルコールビール、
   ジンジャーシロップを注ぎ、
   軽く混ぜる。
2. 1にライムを飾る。

Part 4 ｜ モクテル

109

ビルド

アメリカンレモネード

赤ワインとレモンジュースで作るカクテルのモクテル。
フレッシュのブドウは糖度があるためグラスの下に入れ、
上からレモネードを静かに注ぎ入れる。

BASE

フルーツ

Cold

材料（ドリンク1杯分）
レモンピューレ ……………30g
グラニュー糖 ……………10g
水 ……………………………60g
クラッシュアイス …………適量
カベルネソーヴィニオン
ジュース ……………………30g

Cold
1. シェーカーにレモンピューレと、
グラニュー糖、水を入れ
混ぜ合わせてから、
氷（分量外）を入れてシェークする。
2. グラスにクラッシュアイスを
入れ、カベルネソーヴィニオン
ジュースを注ぐ。
1 をゆっくり注ぎ、
フロートさせる。

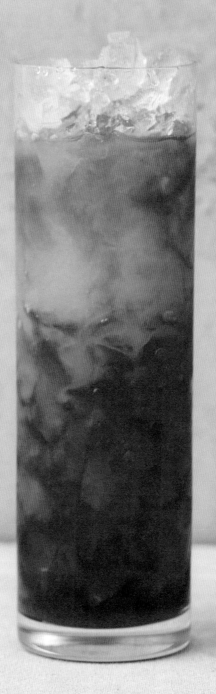

ビルド

シャーリーテンプル

ビルドスタイルに重さのある液体を沈めた
ノンアルコールカクテル。皮を螺旋状にし、
グラスに飾って華やかに。ザクロの色と甘みと、
ジンジャエールの辛味にすっきりとした、
レモンの香りが爽快な味わい。

BASE

フルーツ

Cold

材料（グレナデンシロップ）
ザクロピューレ················150g
グラニュー糖················100g
レモン汁························5g

1. 鍋にザクロピューレと、グラニュー糖、
   レモン汁の半量を入れ、
   火にかけグラニュー糖を溶かす。
2. 氷水（分量外）を入れた
   ボールの上におき、
   ヘラでかき混ぜ ながら急速に冷やし、
   残りのレモン汁を入れ混ぜる。

材料（ジンジャーシロップ）
生姜（皮付き）················800g
三温糖························800g
水····························1000g
唐辛子························2〜3本
ブラックペッパー················20粒

1. 生姜を洗い水分を拭き取り、
   皮ごと2mmにスライスする。
2. 鍋に1と三温糖を入れ、
   30分以上水分が出てくるまでおいておく。
3. 水と種を取った唐辛子、
   ブラックペッパーを加え、中火にかける。
   沸騰したら弱火にし、アクを取りながら
   40〜50分程煮る。
4. 冷めたら瓶などの保存容器に入れる。

材料（ドリンク1杯分）
レモン（皮）····················1個
グレナデンシロップ··············5g
ジンジャーシロップ··············30g
強炭酸··························適量

Cold
1. レモンを螺旋状にむく。
2. グラスにレモンの皮を
   きれいに飾りながら、氷（分量外）を入れる。
3. グレナデンシロップと、
   ジンジャーシロップを入れ、
   強炭酸を注ぎ軽く混ぜる。

Part 4 ── モクテル

111

材料（ドリンク1杯分）

レモンピューレ	5g
ピンクソルト	適量
スイカピューレ	130g

Cold

1. グラスのフチにレモンピューレを塗り、ピンクソルトをまぶす。
2. 氷（分量外）、スイカピューレを入れ軽く混ぜる。

Point

レモンピューレが無い場合は、レモンを切って切り口をグラスのフチにこする。

ビルド

ソルティ ウォーターメロン

グラスのフチにレモンなどを塗り、
塩や砂糖をまぶすスノースタイル。
スイカと相性の良い塩で仕上げる。

BASE

フルーツ

Cold

シェーク

シンデレラ

オーセンティックなノンアルコールドリンク。
シェークすることで柑橘がまろやかになる。

BASE
―――――――
フルーツ
―――――――

Cold

材料（ドリンク1杯分）
オレンジピューレ ……………30g
パインピューレ ………………30g
レモンピューレ ………………30g

Cold
1. シェーカーに
　　すべての材料を入れシェークし、
　　カクテルグラスに注ぐ。

Part 4 ｜ モクテル

113

ハードシェーク

ノンアルコール
ホワイト・レディ

王道カクテルのノンアルコール版。
混ざりにくい卵白は力強く、多い回数でシェークし、
スッキリした口当たりのショートカクテルに。

BASE

フルーツ

Cold

材料（ドリンク1杯分）
ノンアルコールジン…………60g
トリプルセック
キュラソーシロップ…………30g
レモンピューレ …………40g
卵白…………………1個分

Cold
1. シェーカーにすべての材料を入れ
　　ハードにシェークし、
　　カクテルグラスに注ぐ。

材料（ドリンク1杯分）
ココナッツピューレ ……………30g
パインジュース ………………60g
レモンピューレ ………………20g
クラッシュアイス ……………適量

Cold
1. シェーカーに
   すべての材料を入れ、
   ハードにシェークする。
2. グラスにクラッシュアイスを入れ、
   1を注ぐ。

BASE

フルーツ

Cold

ハードシェーク

チチ

ココナッツの油分は、ハードにシェーク
することで混ざりやすい。
ココナッツ、パイナップル、レモンの
スッキリした夏の定番カクテル。

ステア

ギムレット

ギムレットはシェークし、アルコールを
まろやかに感じさせる。
アルコールが入っていないノンアルコールジンは、
ステアで混ぜ合わせる。
すっきりとした苦味の清涼感のあるカクテル。

材料（ドリンク1杯分）
ノンアルコールジン…………40g
ライム汁……………………20g

Cold
1. ミキシンググラスに
   すべての材料を入れ混ぜ合わせ、
   カクテルグラスに注ぐ。

BASE

フルーツ

Cold

ブレンダー

フローズンシトラス

ブレンダーを使って混ぜ合わせ、
フローズンにすることができる。
数種類の柑橘を使用して、
夏にピッタリなフローズンカクテルの完成。

BASE

フルーツ

Cold

材料（ドリンク1杯分）
レモンピューレ ……………………40g
グレープフルーツピューレ …40g
オレンジピューレ ………………40g
ライム汁 ………………………20g
はちみつ ………………………20g
クラッシュアイス ……………適量
ローズマリー ……………………1枝

Cold
1. ブレンダーに
   すべての材料を入れ撹拌し、
   グラスに注ぐ。
2. ローズマリーを飾る。

Part 4 ── モクテル

117

BASE

ウーロン茶

Cold

ビルド

ザクロウーロン

冷凍したザクロは混ぜ合わせる度に
ラプサンスーチョンに溶け込み、味の変化を楽しめる。

材料（アイスラプサンスーチョン）
ラプサンスーチョン（茶葉）……40g
お湯 ………………………………630g
お湯 ………………………………630g
氷 …………………………………220g
水 …………………………………200g

1. 茶器にラプサンスーチョンの
   茶葉を入れ、
   沸騰したお湯を勢いよく注ぎ、
   蓋をして3分蒸らす。
2. 氷を入れ、水を注ぎ、
   氷が溶けたら茶こしでこす。

材料（ドリンク1杯分）
クラッシュアイス ………………適量
アイスラプサンスーチョン ……130g
ザクロピューレ ……………………20g
ライム（スライス）………………3枚
ザクロ（冷凍）……………………40g

Cold
1. グラスにクラッシュアイスを入れ、
   アイスラプサンスーチョンを注ぐ。
2. ザクロピューレを入れ、軽く混ぜる。
   ライムを入れ、
   ザクロを山盛りに飾る。

ビルド

抹茶トニック

抹茶と柑橘を合わせた、爽やかなドリンク。
柑橘の香りや酸味が加わることで
抹茶の苦味が軽やかになり、飲みやすくなる。

材料（ドリンク1杯分）
抹茶（粉）······················3g
お湯······························30g
和三盆···························3g
トニックウォーター···········170g

Cold
1. 抹茶は茶こしでこし、抹茶碗に入れる。
2. 抹茶の粉にお湯を注ぎ、抹茶を点てる。
3. 和三盆を加え溶かす。
4. グラスに氷（分量外）を入れ、
   トニックウォーターを注ぐ。
5. 3を静かに注ぎ入れる。

BASE

抹茶

Cold

Part 4 ── モクテル

119

BASE

フルーツ

Cold

赤しそサングリア

赤色のフルーツと香り高い赤しそと合わせた、
甘酸っぱいノンアルコールサングリア。

材料（ドリンク1杯分）

赤しそシロップ	10g
フランボワーズソース	20g
トリプルセックシロップ	10g
はちみつ	10g
イチゴ	3個
ザクロ	20g
ミルティーユ	4個
ノンアルコール白ワイン	200g
リンゴ	4切れ

Cold

1. グラスに赤しそシロップ、フランボワーズソース、
   トリプルセックシロップを注ぎ、
   はちみつを入れて混ぜ合わせる。
2. 氷（分量外）、イチゴ、ザクロ、ミルティーユを交互に入れる。
3. ノンアルコール白ワインを注ぎ、リンゴスライスを飾る。

材料（緑茶）

玉露（茶葉）………………	60g
お湯………………………	630g
氷…………………………	315g
水…………………………	105g

1. 茶器とカップにお湯（分量外）を注ぎ、温める。
2. 茶器のお湯を捨てる。玉露の茶葉を入れ、沸騰したお湯を勢いよく注ぎ、蓋をして3分蒸らす。
3. 氷を入れ、水を注ぎ、氷が溶けたら茶こしでこす。

材料（ドリンク1杯分）

ライム（スライス）………	4枚
ミントリーフ……………	20g
緑茶………………………	150g

Cold

1. ライムスライスを半月切り、ミントリーフをみじんにする。
2. グラスに氷（分量外）を入れ、緑茶を注ぐ。1を入れる。

ビルド

ミントシトラス グリーンティー

緑茶にミントを細かくカットし、香りを移す。
ライムをたっぷり入れた、爽やかな1杯。

BASE

緑茶

Hot & Cold

Part 4　モクテル

ビルド

ほうじ茶ジンジャー

ほうじ茶の香ばしさと、
ジンジャーの辛味が味わい深いティーソーダ。

BASE

ほうじ茶

Cold

材料（ジンジャーシロップ）
生姜（皮付き）・・・・・・・・800g
唐辛子・・・・・・・・・・・・2〜3本
三温糖・・・・・・・・・・・・800g
水・・・・・・・・・・・・・・1000g
ブラックペッパー・・・・・・・20粒

1. 生姜を洗い水分を拭き取り、
   皮ごと2mmにスライスする。
2. 鍋に1と三温糖を入れ、
   30分以上水分が
   出てくるまでおく。
3. 水と、種を取った唐辛子、
   ブラックペッパーを加え
   中火にかける。
   沸騰したら弱火にし、
   アクを取りながら
   40〜50分程煮る。
4. 冷めたら瓶などの
   保存容器に入れる。

材料（アイスほうじ茶）
ほうじ茶（茶葉）・・・・・・・40g
お湯・・・・・・・・・・・・・630g
氷・・・・・・・・・・・・・・220g
水・・・・・・・・・・・・・・200g

1. 茶器にほうじ茶の茶葉を入れ、
   沸騰したお湯を勢いよく注ぎ、
   蓋をして3分蒸らす。
2. 氷を入れ、水を注ぎ、
   氷が溶けたら茶こしでこす。

材料（ドリンク1杯分）
生姜スライス（ジンジャーシロップ）
・・・・・・・・・・・・・・・40g
ジンジャーシロップ・・・・・・40g
アイスほうじ茶・・・・・・・・50g
強炭酸・・・・・・・・・・・・50g

Cold
1. グラスに生姜スライスを入れ、
   ジンジャーシロップと、
   アイスほうじ茶、強炭酸を注ぎ、
   軽く混ぜる。
2. 氷（分量外）を入れる。

リンゴスカッシュ ビルド

リンゴの角切りとフレッシュジュースのダブル使いで、
リンゴの風味が豊かなフレッシュソーダ。

☑ Restaurant　☑ Cafe　☑ Patisserie
☑ Fruit parlor　☐ Izakaya　☐ Bar

材料（ドリンク1杯分）
リンゴ ……………………… 1/4個
濁りリンゴジュース ……… 60g
強炭酸 ……………………… 60g

Cold
1. リンゴを角切りにする。
2. グラスにリンゴと氷（分量外）を入れ、
   濁りリンゴジュース、強炭酸を順に注ぐ。

BASE
フルーツ

Cold

グレープフルーツ
トニックウォーター ビルド

フレッシュグレープフルーツの果肉を潰しながら
楽しむ、スノースタイルドリンク。

☑ Restaurant　☑ Cafe　☑ Patisserie
☑ Fruit parlor　☐ Izakaya　☐ Bar

材料（ドリンク1杯分）
グレープフルーツ ………… 1/2個
ピンクソルト ……………… 適量
トニックウォーター ……… 100g

Cold
1. グレープフルーツを
   カルチェカットにする。
2. グラスのフチに
   グレープフルーツを塗り、
   ピンクソルトをまぶす。
3. 1と氷（分量外）を入れ、
   トニックウォーターを注ぐ。

BASE
フルーツ

Cold

Part 4　モクテル

フローズン
レモンソーダ ビルド

氷を入れず、フローズンした
レモンをたっぷり入れて。
ノンシュガーで、食事にも合う一杯に。

材料（ドリンク1杯分）
レモン··2個
強炭酸···180g

Cold
1. レモンをくし切りにし、
　　冷凍庫に入れて凍らせる。
2. グラスに**1**を入れ、強炭酸を注ぐ。

BASE

フルーツ

Cold

ビターオレンジ ビルド

ノンアルコールビールをベースに、
オレンジのピューレ。ビターの中にフルーティーな
味わいのビールライトカクテルに。

材料（ドリンク1杯分）
オレンジピューレ·····························50g
ノンアルコールビール··················250g
オレンジスライス
（ドライ）···1枚

Cold
1. グラスにオレンジピューレと、
　　ノンアルコールビールを注ぐ。
2. ドライのオレンジスライスを
　　飾る。

BASE

フルーツ

Cold

梅ジャスミン ティー

ビルド

☑ Restaurant　☑ Cafe　☑ Patisserie
☐ Fruit parlor　☐ Izakaya　☐ Bar

ジャスミンティーの香りを楽しみながら、
はちみつ梅を潰すことで甘酸っぱさをプラス。

材料（アイスジャスミン茶）
ジャスミン（茶葉）・・・・・・・・40g
お湯・・・・・・・・・・・・・・・・・・・630g
氷・・・・・・・・・・・・・・・・・・・・・・220g
水・・・・・・・・・・・・・・・・・・・・・・200g

1. 茶器にジャスミン茶の茶葉を入れ、
   沸騰したお湯を勢いよく注ぎ、
   蓋をして3分蒸らす。
2. 水を入れ氷が溶けたら茶こしでこす。

材料（ドリンク1杯分）
はちみつ梅・・・・・・・・・・・・・・3個
アイスジャスミン茶・・・・・・・140g

Cold
1. グラスにはちみつ梅と、氷（分量外）
   を入れ、ジャスミン茶を注ぐ。

BASE
ジャスミン茶
Hot & Cold

ペッパーレモン サワー

ビルド

☐ Restaurant　☐ Cafe　☐ Patisserie
☐ Fruit parlor　☑ Izakaya　☐ Bar

甘みを入れないで作るレモネード。
グラスのフチに胡椒をまぶした、スパイシーで大人の味。

材料（ドリンク1杯分）
レモンピューレ・・・・・・・・・・・・60g
ブラックペッパー・・・・・・・・・・適量
強炭酸・・・・・・・・・・・・・・・・・・・適量

Cold
1. グラスのフチにレモンピューレ（分量外）を少量塗り、
   ブラックペッパーをまぶす。
2. 氷（分量外）と、レモンピューレを入れ、
   強炭酸を注ぐ。

BASE
フルーツ
Cold

Part 4　モクテル

Shop List

材料や機材などが手に入るお店を紹介します。
作りたいドリンクに合った品を手に入れましょう。

材料

ノンアルコール・ジン

Cocktail Bar Nemanja

〒231-0012
神奈川県横浜市中区相生町1-2-1
バレカンナイ6階
TEL：045-664-7305

日本茶

株式会社つぼ市製茶本舗

〒592-0004
大阪府高石市高師浜1-14-18
TEL：072-261-7181
HP：http://www.tsuboichi.co.jp

台湾茶・タピオカ

桔祥國際有限公司

(JI XIANG MATERIAL
INTERNATIONAL CO., LTD.)
MAIL：andylin888@hotmail.com

コーヒー豆

トーアコーヒー

HP：http://www.toa-coffee.co.jp/

乳製品

中沢乳業株式会社

〒143-0011
東京都大田区大森本町1-6-1 大森パークビル6階
TEL：03-6436-8800
HP：https://www.nakazawa.co.jp/
ECサイト：https://nakazawa-eshop.com

ピューレ

日仏商事株式会社

東京事業所

TEL：03-5778-2481
HP：https://www.nichifutsu.co.jp/
products/foods/brand/boiron/

チョコレート

ピュラトスジャパン株式会社

〒150-0001
東京都渋谷区神宮前2-2-22
MAIL：service_japan@puratos.com
HP：www.puratos.co.jp

桜の商材

山眞産業株式会社花びら舎

〒451-0062
愛知県名古屋市西区花の木2-22-1
TEL：052-521-0500
HP：https://www.yamashin-sangyo.co.jp/

器具・機械

ミキサー

株式会社アントレックス
（Vitamix）
HP：www.vita-mix.jp

コーヒー器具

株式会社
ブランディングコーヒー
〒141-0021
東京都品川区上大崎 2-14-5
クリスタルタワー 4 階
TEL：03-5795-1701
MAIL：info@0141coffee.com
HP：https://0141coffee.jp/

エスプーマ

東邦アセチレン株式会社
コンシューマープロダクツ営業部
〒103-0027
東京都中央区日本橋 2-16-13
ランディック日本橋ビル 4 階
TEL：03-3277-1600
FAX：03-3277-1601

ソフトクリームマシン

ニッセイ
HP：https://www.nissei-com.co.jp/

ジューサー

HUROM 株式会社
〒103-0025
東京都中央区日本橋茅場町 1-4-6
木村実業第 2 ビル 7 階
TEL：0120-288-859（お客様窓口）
HP：https://huromjapan.com

グラス・カップ

株式会社カサラゴ
〒171-0022
東京都豊島区南池袋 2-29-10 7 階
TEL：03-3987-3302
MAIL：info@casalago.jp
HP：https://www.casalago.jp

菅原工芸硝子株式会社
Sghr スガハラショップ 青山
〒107-0061
東京都港区北青山 3-10-18
北青山本田ビル 1 階
TEL：03-5468-8131
HP：https://www.sugahara.com

包材

株式会社 BM ターゲット
東京本社
〒108-0073
東京都港区三田 3-4-18 二葉ビル 2 階
TEL：03-6433-9856

片倉康博
バー、レストラン、カフェの店舗経験を積む。QSC、対面サービス、さまざまな種類の
ドリンクの組み合わせとバランスの取り方、食文化とTPOによるドリンクの重要性を独
学で追求し理論化する。飲食系専門学校（国内、中国、台湾、ヨーロッパ等）、飲
食やホテル業界にドリンクの理論と技術を広めている。

田中美奈子
DEAN&DELUCAカフェマネージャー、ドリンクメニュー開発後に独立。カフェレストラ
ンオーナーシェフとバリスタを経て、カフェ店舗商品開発やコンサルティング、フード
コーディネートを手がける。コレクションテーマに合わせた展示会用オーダーメイドケー
タリングや旬野菜の料理が好評。

藤岡響
ブルーボトルコーヒーの立ち上げに参画。初代トレーナーとして多くのバリスタの育成
に携わる。2018年、Satén japanesetea を立ち上げ、独自のカフェスタイルの構築
を目指しコーヒー、日本茶等の抽出と向き合う。現在はフリーランスとしてメニュー開
発、店舗プロデュースを行っている。

写真：三輪友紀（スタジオダンク）　デザイン：近藤みどり
編集：坂口柚季野（フィグインク）

飲食店のためのドリンクの教科書
料理やスイーツに合わせて作る
ソフトドリンクの基礎と応用

2021年5月30日　　　第1版・第1刷発行

著　者　　片倉康博（かたくらやすひろ）・田中美奈子（たなかみなこ）・
　　　　　藤岡響（ふじおかひびき）
発行者　　株式会社メイツユニバーサルコンテンツ
　　　　　代表者　三渡　治
　　　　　〒102-0093東京都千代田区平河町一丁目1-8
印　刷　　シナノ印刷株式会社

ご意見・ご感想はホームページから承っております
ウェブサイト　https://www.mates-publishing.co.jp/

編集長：折居かおる　副編集長：堀明研斗　企画担当：清岡香奈